Thomas Kapielski

Aqua botulus

Thomas Kapielski (*1951) studierte Geographie, Philosophie und Musikwissenschaft. Als Künstler, Musiker, Fotograf, Performer, Brülltherapeut und Kultautor ist er einer der bekanntesten Vertreter der (West-)Berliner Literaturbohème. Von der *Zeit* wurde er als »Vollender des Künstlerromans« gefeiert, von der *Woche* als »Trash-Titan«. Kapielski lehrt als Professor an der Kunst-Akademie Braunschweig. »Literarisch wirkt der Stil erst einmal ausgesprochen unauffällig …

Doch mit der Lektüre wächst das Staunen über die Kunstfertigkeit, mit der hier das Tresengeplauder und Kneipenparlando ins Schriftliche transponiert wird, ohne dabei an Beweglichkeit und unberechenbarer Sprunghaftigkeit zu verlieren. Kapielski verfügt über einen lupulingeschärften Blick für Gestik und Interieur. So genügen oft wenige, knapp skizzierte Details, um hochkomische, absurde Situationen vor Augen zu führen. Vorangetrieben wird das alles von einer offenkundig enormen Erzähl- und Fabulierlust und großem Spaß an ›philosophischem Quatsch‹.« (Max Gutleut, *Zitty)*

Thomas Kapielski

Aqua botulus

Zweitausendeins

1. Auflage der durchgesehenen Neuausgabe April 2000.

www.Zweitausendeins.de

Fotos: Thomas Kapielski.
Lizenzausgabe mit freundlicher Genehmigung vom Maas Verlag, Berlin,
bei dem die Originalausgabe unter dem Copyright © 1992 erschienen ist.

Lektorat der Neuausgabe: Martin Weinmann (Büro W), Wiesbaden.
Herstellung: Dieter Kohler GmbH, Nördlingen.
Druck: Gutmann + Co GmbH, Talheim.
Einband: G. Lachenmaier, Reutlingen.
Printed in Germany.

Diese Ausgabe gibt es nur bei Zweitausendeins im Versand,
Postfach, D-60381, Frankfurt am Main, Telefon 069-420 8000
oder 0180-23 2001, Fax 069-415 003 oder 0185-24 2001.
Internet www.Zweitausendeins.de, E-Mail info@Zweitausendeins.de.
Oder in den Zweitausendeins-Läden in Berlin, Düsseldorf, Essen,
Frankfurt, Freiburg, 2x in Hamburg, in Hannover, Köln, Mannheim,
München, Nürnberg, Saarbrücken, Stuttgart.

In der Schweiz über buch 2000, Postfach 89, CH-8910 Affoltern a. A.

ISBN 3-86150-337-9

Anus Dei

Mein letzter Wille: eine Frau mit Brille! – Bumm. Da war sie! Anderthalb Jahre später mußte ich mit Tüte wieder im Kalten: **Nomade in Germany**. Soweit das Wesentliche, und jetzt die Nebengeschichten: Es ist ja gut, daß sich diese Arschkrücken (Abb. 81)* ihre vergilbten Studierzimmer durch Reisebeschreibungen (Patagonien zum Beispiel) recht groß und weit machen. Mir ist es immer ein unaussprechliches Vergnügen, mich im möglichst kleinsten körperlichen Raume im Geiste im Universum oder im Pluriversum herumzutummeln (Abb. 112). Der möglichst kleinste körperliche Raum war *ich* ›ohne alles‹, das darum befindliche Pluriversum war zeitweise mal das ›Leinestübchen‹ in Neukölln in der Leinestraße. Die Größe der Erdkugel wird sowieso überschätzt, sie schrumpft von sich aus auf einen zu. Ich bin damals nie verreist, da hat nicht mal ein antitouristischer Impetus dahinter gesteckt (Abb. 38). Obwohl dort ins Leinestübchen auch solche weltläufigen Erfahrungen mit reingebracht wurden, und man hat alles mitbekommen; einmal hat dort einer, der gerade von irgendeinem komischen Abenteuerurlaub zurückgekommen war, behauptet: »Dynamitfischen ist Männersache!« Wörtlich. Und irgendwer hat darauf geantwortet: »Wat dem eenen sin Uhl, is dem andern sin Nachtigal.« So unterschiedlich waren die da. Im Leinestübchen ham unter anderem solche ausnahmsweisen orginalberliner Piefbacken

* Die Abbildungsnummern sind mit den Seitenzahlen identisch.

Das zweitkleinste Reisebüro der Welt

verkehrt, es war eine unglaubliche Mischung, die da verkehrt hat, die meisten waren ja in Ordnung, und die guten haben majorisiert, aber manchmal hat sich doch ein Idiot geirrt, weil Leinestübchen klingt natürlich pantoffelig, und wenn man nun so einen Blödmann unter den Laufkunden wegärgern wollte, brauchte man den bloß zu fragen: »Sagen Sie mal, Sie sind doch bestimmt Tourist?« – »Icke?!?« Die haben geschrien, die waren dann völlig fassungslos beleidigt! Und man mußte dann gleich noch nachlegen: »Können Sie doch ruhig zugeben! Sie sind Berlintourist. Macht doch nichts!« O Gott, dann haben sie angefangen, ihre Ausweise rauszukramen, haben Zeugen angeschleppt und haben sogar ihre Schäferhunde die Petschaft auf ihr Berlintum apportieren lassen (Abb. 88); damit kannst du sie fertigmachen, die echten Berliner Poofbacken. Kramer ham sie mal im Osten in so einer ganz hoffnungslosen Kneipe wegen seinem Hammer- & Sektglasabzeichen angerempelt; die gucken nie richtig hin, sie kriegen im Osten dann gleich so eine Hummer- & Sichelallergie, wenn sie Kramers spaßiges Abzeichen sehen. Und dann noch seine Bakuninfrisur! Und seine ganze bacchantische Art; da kriegen die im Osten gleich diesen dumpf antikommunistischen Lynchreflex. Kramer hat dann erstmal seine komische Anstecknadel erklärt, und dann hat er den Deppen das mit seiner Bakuninfrisur so erzählt, daß er

Das kleinste Reisebüro der Welt

als Kleinverleger von der Barmer Ersatzkasse nur zwei Friseurscheine pro Jahr bekommt. Er hatte zufällig einen Krankenschein fürn Zahnarzt dabei, da sind oben eine Reihe Letrasetzähne abgebildet, und Kramer hat dann den Leuten beigebracht, daß bei den Friseurscheinen, da wo hier die Zähne sind, so Standardfrisuren zu sehen sind, und sie sollen bei ihrer Krankenkasse unbedingt die Friseurscheine fordern; die Kassen versuchen die zu verschweigen. Aus Kostengründen. Aktive Wiedervereinigung! Als Freunde sind wir geschieden. Im Leinestübchen hatte ich einen Zettel zum Anschreiben. Irgendwann hatte ich das Gefühl, ich bin am Verblöden. Also habe ich den Zettel vierstellig gesoffen und habe das Lokal verlassen und über ein Jahr lang in glasbläserner Nüchternheit verbracht. Es war fast so gut und so ähnlich wie ein Jahr tagtäglich besoffen. Als das Jahr mehr als um war, dachte ich, jetzt gehst du mal wieder rein, sie werden den Zettel vergessen haben. Hatten sie nicht. Der Wirt, das Schwein, hat zwar erst so getan, als wär nichts, als wäre ich vorgestern zum letzten Mal dagewesen, aber dann hat er gesagt: »Du hast nochn Zettel offen.« Da habe ich mir gedacht, du Stinktier, ich werde mir gemütlich einen antütern, du wirst irgendwann mal pissen müssen, und ich werde das Lokal verlassen und komme zur Strafe NIE wieder. Nach Stunden hatte ich schon schwer einen sitzen, und der Wirt, das Schwein,

Von Bärbel Bohley (gemalt oder regiert?)

mußte einfach nicht pissen. Vielleicht hat er was geahnt. Neben mir hat einer an der Theke gesessen, der schon völlig hinüber war. Seinen Köter, ein müdes, riesiges Tier (Abb. 86), hatte er oben am Hocker festgemacht. So haben wir alle stumm dagehockt, der Wirt war immer noch nicht pissen, plötzlich geht die Tür auf, eine verbiesterte stinkige Alte steht mit dem Nudelholz in der Tür, der Köter springt auf – Frauchen! –, macht einen Satz zur Tür, und – Bumm! – da fällt das Herrchen um. Kerzengerade (Abb. 105) mitm Hinterkopf aufn Fußboden. Tot! Zumindest bewußtlos. Jetzt war große Aufregung. Die Kundschaft hat nach der Feuerwehr geschrien. Der Wirt, das Schwein, hat sich geweigert: »Ich kann nicht wegen euch besoffenen Arschlöchern alle zwei Tage die Feuerwehr holen!« Das war zuviel. Wir haben ihn angeblinzelt, und er hat sich ans Telefon verpißt. Endlich. Ich hätte mich nun auch verpissen können. Ich hab beschlossen: Jetzt erlebst du mal was! Dann stand eine ganze Kompanie Feuerwehr im Leinestübchen. Sie haben unsern Tierfreund mit Ammoniak wieder an die Erdoberfläche geholt. Er ist zu sich gekommen und hat plötzlich im Dschum: »Dingsbums« gesagt. Vielleicht hieß sein Köter so, oder es war der Kosenamen von seiner Madame. Keine Leiche, ich konnte verschwinden. Ich war nie wieder da. Ich bringe es mal in Richtung und Behauptung: **DE DINGSBUMS NOCH-**

o. T.

MAL EIGENTLICH NON EST DISPUTANDUM! Und deshalb nochmal grundsätzlich zu *das Dingsbums an sich* folgendes: 1. »Yes – there be Dingsbums which we must dream and dare, / And execute ere through be half aware.« Lord Byron! 2. Auch zu meinem Glück gehörte es schon immer, *kein* Hausbesitzer zu sein. »Schafe! Schafe!: Häusle baue!« Das wäre meine Sache nicht (Abb. 1)! Allenfalls »Erpel! Erpel!: Häuser erben!« Und dann drin hocken in der Immobilie und das Nomadische über den Scheffel loben und imperatief-kategorisch ›Gefährlich leben!‹ als Parole an die Kellerwohnungen runtergeben (Abb. 8). Unter diesem Titel lief nämlich im Sommer 91 ein recht kommodes Symposion, dessen größte Gefährlichkeit in der Häufung von Zeckenstichen bei Teilnehmern bestand, die während der Vorträge lieber auf den Rasenflächen des Potsdamer Seminarortes lagerten, weil sie es vorzogen, »die Nüsse zu schaukeln«, anstatt richtig hinzuhören. Das ist gerade die Merkwürdigkeit in Berlin, daß die ärgsten Nomadisten auf ein Grundstückel Sicherheit im Brandenburgischen Umfeld spekulieren. Unter den älteren Redaktören der TAZ zum Beispiel, unter all diesen Arschgesichtern (Abb. 145) gibts wohl inzwischen keinen, der nicht sowas schon am ausbauen wäre. Wochenpostler und Pfeifen, die (Abb. 89)! Die Sprache soll das Haus des Seins sein. Das denken sich Hausbesitzer aus. Bei

Runde Ecken I

Heidegger sind das auch noch kleine Häuser und hölzerne Schreibhütten. Würde dann einer behaupten: Die Sprache ist der Untermieter des Seins? Was ham wir denn? Ich meine, was besitzen wir denn und wo wohnen wir wirklich drin? – Also! Die Sprache ist die Bomberjacke des Seins! Vielleicht. Letztlich nur der fette, schlappe Leib. Und im Sinne von: »Wer nicht ißt, braucht auch nicht zu arbeiten!« gilt ja dann »Wer nicht spricht, braucht auch nicht zu hausen, bzw. zu mieten, respektive sich in Bomberjacken aufzuhalten!« Und umgekehrt auch ganz ulkig. ›Europäisches Haus‹ ist auch so ein immobilienmaklerischer Laubenkolonialismus. Andererseits kommt das mit den Häusern gut an, weil man gern von Sachen spricht, die man nicht hat; und insofern trifft sich die Oggersheimer Villenideologie mit dem Willen nach Immobilien bei den Ärschen, obs nu der alte ausgebaute Brandenburgische Herrenhof für Bröckers oder die Haushälfte für Karl Arsch ist. Nun gut, ich hocke hier ganz unten in der tiefen Wohnung zur Untermiete und fresse meine Askesehäppchen; über uns ist gerade vorige Woche eine Kellerwohnung frei geworden, und den Hausbesitz muß ich ja verachten, sonst werde ich ja wahnsinnig, aber wenigstens habe ich doch mal ein Kamel besessen! Das glaubt ja immer keiner; weil von gefährlich leben hat doch keiner auch nur einen Schimmer. Da meinen die vielleicht

Runde Ecken II

S-Bahnfahren mit, das ist ja lächerlich! Was hat man auch von gefährlich leben? Knorke leben! Das ist, wenn man das erwähnte Kamel nicht nur besitzt, sondern auch vermietet, und zwar an die Freie Universität Berlin. Weil »Knorke is schau!« Wie eine gewisse Frau Beret neulich mal von Osten her parolisch hergab. Das sagen die da so; lauter so komische Sachen. Und haben auch komische Namen (Abb. 129). Das war so: Die FU hatte damals eine Forschungsstation im Tschad. Als Geograf mit Promotionsabsicht ist man damals nach Bardai in den Tschad verschickt worden, hat dort im Gebirge rumgemurkst, thermische Erosion, es wurden Thermometer in den Wüstensand gepiekt, also du bist dort mit Promotionsabsicht nomadisch durch den Sand geschwankt, Hunderte linksgerichtete bärtige Geografiestudenten irrten damals mit ihren Thermometern durch die Bardai-Wüste und türkten ihre Meßwerte zu Rudis-Resterampen-Dissertationen zusammen. Dazu gabs zum Vorankommen ein paar Geländewagen. Wer ganz besondere Meßwerte wünschte, der mußte weiter rauf in die Berge und hat ein Kamel benutzen müssen, denn Autos sind da nicht hochgekommen. Es gab zwei Kamele, die Eigentum der Freien Universität Berlin waren. Nun muß eines Tages oben in Berlin irgendein Haushaltsausschuß im Sparwahn auf den Gedanken gekommen sein, daß es günstiger wäre, wenn man die

Vier flogen übers Kuckucksnest

Kamele abstößt und bei Bedarf mietet. Nee, least. An Leasing ham die gedacht. Das kam damals in Mode, Leasing und rent-a-Schwachsinn (Abb. 62). Und – das nur nebenbei – wenn man da großzügig denkt, dann könnte man sich schon mal in die Behauptung versteigen, daß Leasing ja wohl fast der erste Schritt in die Richtung: Abschaffung des Eigentums wäre. Na gut, die Kamele wurden abgeschafft, verkauft. Sie hatten nun mal berechnet, daß es billiger wäre, zu mieten. Da haben wir uns in die linken Bärte gefaßt und sie gerauft und nachgedacht, daß wir sie kaufen und sie der FU vermieten und künftig auch sehr häufig benutzen würden. Das war also ein hedonistisch verbrämter Parasitismus, der sich als Linksdrall zu Eigentum an Kamelen auslebt. Weil »Knorke is schau!« Heute geht der Linksdrall offenbar auf Immobilien. Und verbrämt wird nomadisch. Na gut. Wir hatten aber auch schöne Erlebnisse mit den Kamelen (Abb. 138). Das sind schon Knallchargen, diese Kamele. Und im besten Sinne! Früh mußte man sie immer ewig suchen. Abends bindet man ihnen die Vorderflossen zusammen; bis zum Morgen schaffen sie trotzdem gute vier, fünf Kilometer, und du kannst sie dann mitm Geländewagen suchen fahren (vgl. Eigentumssicherung an Tieren auf Abb. 1 & 18). Kann man wegen der Tierschützer auch gar nicht mehr erzählen sowas, na egal. Irgendwie freuen sie sich dann aber auch

Gefäßsportgruppe

wieder, wenn man sie in irgendeiner Bergritze aufgestöbert hat, und grinsen so komisch. Das sind so richtige Kaugummigesichter, diese Kamele. Ihr entwickeltster Trieb ist der Hunger. Das eine Kamel hieß nach dem damaligen, immer hungrigen Präsidenten der Freien Universität Ernst; das andere hieß Ute, welche die damals rescheste war unter den Bibliothekarinnen im geografischen Stammhause zu Berlin. Immer liebenswürdig, und wie wir verstört und verpennert mit fiebrigen Augen und Sand überall und in jeder Falte aus der Sahara rauf nach Berlin sind und nicht wußten, wo wir unsere Thermometer jetzt reinpieken sollten, da war Ute für uns da (Abb. 139). »Mach es wie die Saunaeieruhr und zähl die heißen Stunden nur!« Ham wir uns gedacht (vgl. Abb. 64 & 65). In dieser Bibliothek wurde mir bei ganz üblen Konzentrationsschwächen auch folgendes klar: Daß nämlich eine ganz merkwürdige Verbindung zwischen Buchliebhaberei und einer geradezu narrischen Arschgeilheit besteht und sich gegenseitig hochschaukelt, weil weder das eine im anderen und umgekehrt so recht ausgelebt werden kann. Nämlich so: Hockt der geneigte Leser vorm aufgeschlagenen Buche, so starrt er ja gleichsam auf den abwesenden Arsch, den er am liebsten rammeln möchte. Da kommt die Konzentrationsschwäche her. Hockt nun andererseits der erregte Arschbocker vorm ergebenen Arsche, so starrt er ja gleichsam auf

Bismarckhalle in Fahlhorst

den in Buchzeilen verborgenen abwesenden Sinn der gedanklichen Tiefe der – ich will mal nicht so blöd sein und Diskurse sagen, sondern ich sag mal schlicht – Texte. Das ist eben so ein typisches Scheißgleichsam-Syndrom (vgl. abwechselnd Abb. 144 & 145). Im übrigen gilt dann für Bücher und als auch: **je Dickens destojewski!** Ein anderes verzwackt duales Scheißding ist auf Abb. 53 & 54 zu vgl. Da merkt man, daß man sich doch nicht um die **Anerkennung der Entweder-Oder-Grenze** rummogeln, sie aber doch beherzt überschreiten kann. Im Suff lernt man den Ausländer in sich kennen, und es ist ratsam, ihn freundlich zu begrüßen (140 f.!). Da hätte man dann schon einiges getan im Leben, das zählt. Früher nämlich, da flog einer übers Kuckucksnest, wir erinnern uns. Heute müssen es schon mal mindestens drei sein (Abb. 8). Das Leben auf der Jagd nach Erfolg und Erleben zwingt uns fortwährend dazu, etwas besser, schneller und wirksamer zu tun als andere. Dabei sind diese irrsinnigen Dauerüberanstrengungen gemein und zeigen Eifersucht, Neid und Ehrgeiz an. Wir sollten die Präsenzpflicht verweigern und der Vornehmheit einer Gravitation zu gravitätischen Absencen nachgeben (Abb. 105). Also ausschlafen. Ich denke in diesem Zusammenhang auch an **Bier**gierde und sowas. Jever ›light‹ aber nicht, das geht wieder in die falsche Richtung, und bevor ich soweit bin, saufe ich doch lieber gleich

Matti Nykänen

Lightungswasser. Das ist auch nur wieder so eine Schweinerei der Getränkein**durst**rie. Da lassen die Großbrauereien mit ihren apollinischen Durstlöschern das Evangelium der Lebensfreude verkünden, die Arschgesichter die (Abb. 57)! Mit Segeljachten und Typen und Weibern, die nichts, aber auch gar nichts mit Bier zu tun haben sollen. Diese Pfeifen (Abb. 89)! Mit anderen Worten, man braucht überhaupt keine Kunst und all diese Kulturleistungen zu bringen. Es reicht, wenn man versteht, wies funktioniert. Und dazu braucht man im Prinzip nur zweimal nach Köln zu reisen. **Frotteehandtücher.** Das war immer so eine Vorstellung, ›Zweites Leben‹, da dachte ich, na, da wirst du wohl kein Frotteehandtuch, sondern schon ein Farbfernseher werden. Einer mit allen Schikanen, Videotext, Satellitenempfang schon aus metaphysischen Gründen, die gute Beziehung nach oben, Chefkontakte sind ja Zigarrenpräsente, und da steckt schon der Wunsch nach Himmel dahinter. Das ist aber Quatsch. Ich bin ja schon zu Lebzeiten ein ›Sony Black Triniton‹ gewesen! Schon ab 85. Davor allerdings ›Schaub Lorenz‹ (Abb. 151 f.) schwarz/weiß, ein Elend, dieses ewige Gefummel an der Libelle, das war noch kein richtiges zweites Leben im falschen, aber ich hab mich nicht getraut, das Scheißding zu zerhacken, es war ein Erbstück des Vatis, da war noch le nom du père wirksam. (Wer Sorgen hat, hat auch Lacan!) Aber dann

Pißbaude München

war coming out! Sony mit Fernbedienung! Da gings los. Und nun ist da ein riesiger ›Loewe‹ mit allen Schikanen. Der Loewe ist ja nach einer langen Sony-Ära der beste Kasten am Markt zur Zeit. Wenn einer so viel fernsieht wie ich, dann wird er zum Programmpunkt. Und das beruht auf Gegenseitigkeit. Unsere gegenseitige Einswerdung zu Lebzeiten findet genau im Leerraum zwischen ihm und mir statt. Wir können auch ›zwischen uns‹ sagen. Da ist was; schwer beschreibbar. Schnittstelle, Scharnier, Limbus, Da-wo-die-Latschenaufhören, the land of the Fernbedienung, weiß ich was. Bei Schnittstelle muß ich immer ans Brotschneiden denken. Da weiß ich genau, wo das ist, die Schnittstelle, da wird nämlich eine neue Stulle gemacht, eine Schnitte. Und diese komische Schnittstelle ist ja zunächst mal Nichts und dann ist es eine bestimmte Stelle, wo ich einen Entschluß fasse, na, genau hier werde ich mal Stulle machen und dann fresse ich die Stulle auf und es bleibt eine Kante, sonst nichts, und hinterher ist das, was vorher Nichts war, plötzlich eine Verbindungsstelle namens Schnittstelle. Im Nachhinein kann man das natürlich so sehen; ich sehe das nicht. Andere sehen das reichlich. Das Wort wird benutzt; wohl um zu verstehen zu geben, daß man sich am Computer auskennt. Mit ›Scharnier‹ kann ich mehr anfangen. Scharnier ist was für sich, zwischen zwei Teilen. Ein *und*, als Wort. Und ein *na und*. Hin

Arbeitsamt Hof

und her, es ist unmöglich, Genaues zu sagen über den Zwischenraum, da ist eine Unschärferelation wirksam. Oder vielleicht Limbus, aber ein behaglicher, eher Vorhimmel als Vorhölle. Zeitfreier Zwischenraum. Da sind **the wennscho'n'dennschoners** für zuständig. Übrigens, die Frage, was passiert eigentlich vor der Wiederauferstehung und Entscheidung ob Himmel oder Hölle mit abgeschnittenen Fingernägeln und Haaren, da fällt ja einiges an im Leben, da hat sich Honorius Augustodunensis im ›Elucidarium‹ gute Gedanken gemacht. Es ist ja wirklich ein Problem; das Regime hat uns das vierzig Jahre lang vorenthalten. Oder das ist alles tiefsinniger Quatsch; Bund für freizeitgemäße Freitodgestaltung. Egal, Zweitleben als Farbfernseher, das habe ich seit dem Sony schon, fürs Zweite Leben kommt was anderes in Frage. Jetzt nannten wir uns in diesem Leben aber zunächstmal Künstler. Plötzlich hieß es: Wer Künstler sagt, muß auch »Köln« sagen. Es war mit einmal eine Bewegung mit einer Richtung verbunden. So wie: »Mutti, sind wir schon in Amerika?« – »Sei ruhig, schwimm weiter!« Also: Go west! »Köln«, sagte ich zu Baacke, »na und?« Und Baacke sagte, wir fahren da mal jetzt hin und gucken, was da los ist, in Köln. Es hieß jetzt, da ist was los in Köln. Man wußte nicht so recht warum. Es hing mit diesen Malern zusammen, die plötzlich soviel Schotter für ihre feuchten Schinken dick Kassa

Das Leben (erst hoch, dann runter)

machten. Also Goldschürfen im Westen, der olle Mythos. Und die Berlinhasser waren sich wohl endlich einig geworden auf Köln, die Berlinhasser haben ja ständig so einen gegenbewegten Metropolenkomplex und nun von Hamburg und sonstwo alle auf einmal nach Köln. Alle haben sie da ihr Glück zu zwingen versucht. Sogar Hilka Nordhausen! Hat ihren schönen Buchladen verkloppt und ist ab nach Köln. Da wollten wir mal gucken, wie das da aussieht. Und da gabs plötzlich auch einen Anlaß, und das hing mit der einen von den zwei Giselas zusammen. Die zwei Giselas kennen sich gar nicht. Die sind auch sehr unterschiedlich. Eine ist unsere Ost-Gisela in Verlorenort, das ist eine Land-Gisela mit Frottee-Latschen und Kittelschürze und so ein schlicht gemütsvoller Mensch mit gedunsener Schnittstelle – vielleicht sind Gesichter ja Schnittstellen? Und zwar im vorhin erklärten – und was die Ost-Gisela betrifft: im besten Sinne. Da machen wir den Ausflug, da lassen wir uns mitunter den Arsch vollaufen und sind ganz unartig und stecken uns Flaschenbier in die Schnittstelle. Bei Ost-Gisela. Wir sind aber zur anderen Gisela nach Köln. Das ist eine schöne Gisela und eine junge mit eigener Galerie. Die kannte Baacke noch von der Abendschule oder sonstwoher. Und die war mit dabei in Köln, wo sie alle eine breitflankige Ausstellungsoffensive vorhatten, alle Galerien eröffnen an einem Tag, war die Idee, so daß es sich

Das Leben (Warten)

lohnt. Und die West-Gisela hat gesagt, wir sollen mal kommen, sie bringt uns unter, ohne Schlafsack, wunderbar, in Köln wird nicht im Schlafsack gewohnt. Prima, dachten wir, wenn Köln das Ende der Schlafsack-Ära bedeutet, dann sind wir dabei! Also waren wir am Abend zuvor doch wieder campingplatzbesoffen im Sportfleck, haha, nicht doch Sportfleck, Sporteck! – und sind dann nächsten Tag bissel verspätet losgefahren. Mußte man noch durch die Zone. Außer Ausstellungseröffnungen und Künstler-sein war auch noch Walkman Mode. Haben wir blöd auf unseren Autosesseln gesessen, vorne rausgeguckt und Walkman aufgehabt. Sowas Blödes; da muß man durch (Abb. 36). Na, wir ham nich viel geredet dadurch. Es war Autoautismus, und das ist es aber auch ohne Walkman aufhaben sowieso im Auto. Raumverlust durch Zeitgewinn. Plötzlich »Köln«. Eine Autobahnbrücke über den Rhein und wir auf eine Ausfahrt, die ganz klar nach Köln raus ist. Wir hatten ja diese Kirche im Visier. Genau über den Dom gepeilt. Sind wir so einen eleganten Bogen und irgendwo unten durch und wieder hoch, und plötzlich war der Dom hinter uns und wir wieder auf dem Weg zurück nach Berlin. Rüdiger Carl verdanken wir ja den Hinweis auf die sechs verschiedenen Bedeutungen von ›Dom‹ im sächsischen Idiom: erstmal der Dom, dann die Dom aufm Dach, also Taube, ja!? Dann unter den Fingern der kurze dicke

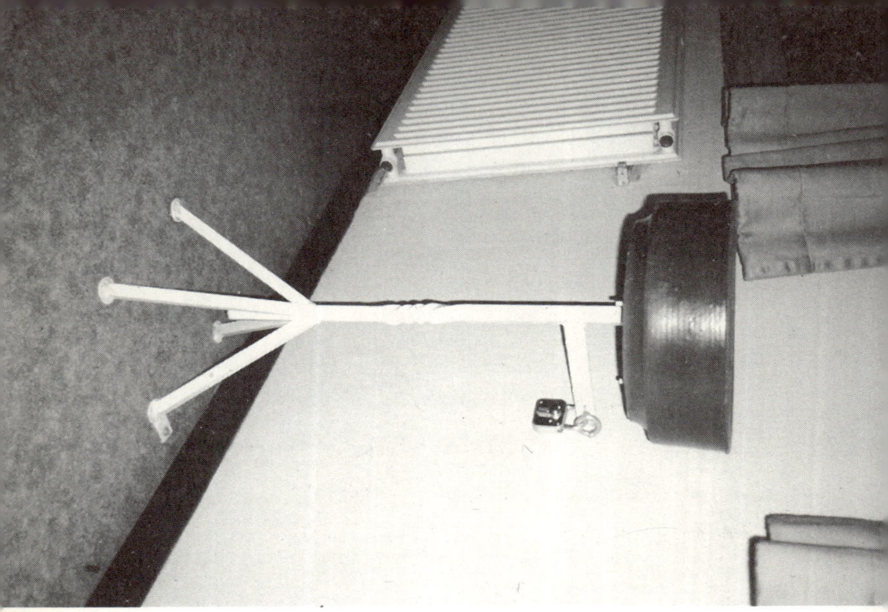

Angeschlossene Ascher I

Dom, und »isch laß mo nich für Dom vrkoofn…« Schließlich laufen die Herren und Dom in die Disco, um sich mal richtig auszuDom. Da wir nun tatsächlich nach Köln wollten, sind wir nochmal gewendet, und dann ist das aber nochmal passiert, daß Köln uns abgelehnt hat und wir großen Willen aufbringen mußten für endlich nach Köln rein. Das war schon alles Zeichens genug. Das nächste Zeichen war eine Kelle von einem, den sie im Volk gewöhnlich ›Weiße Maus‹ nennen, wo es doch weiße Ratten sind und außerdem auch noch grüne (vgl. Abb. 81 & 86). Und wir saßen so blöde und ertappt da mit unseren kleinen japanischen Walkdingern oben drauf, das ging mich ja sowieso nichts an, Baacke war Fahrer und der ist so einer, der wird niemals einen anderen Menschen sein Auto chauffieren lassen, nichtmal seine Mutti, weder die eine noch die andre richtige (Abb. 30). Der will immer nur selber fahren. Das ist auch sowas Komisches. Sein Kind, seinen Baum und seine Frau soll man nie verborgen. Dagegen hatte der Schampel aber nichts, er hatte was dagegen, daß ich nicht angeschnallt war. Das ertrage ich nicht. Neulich hat mir Höge erzählt, daß der alte Querulant Dieter Kunzelmann, dieser Mensch, der früher mit Debord und heute durch die Bezirksabgeordnetensäle spitze Schreie ausstößt, daß der es geschafft hat, über Arzt und Gutachten und Bescheinigung, alles sowas, damit er sich nicht anzuschnallen

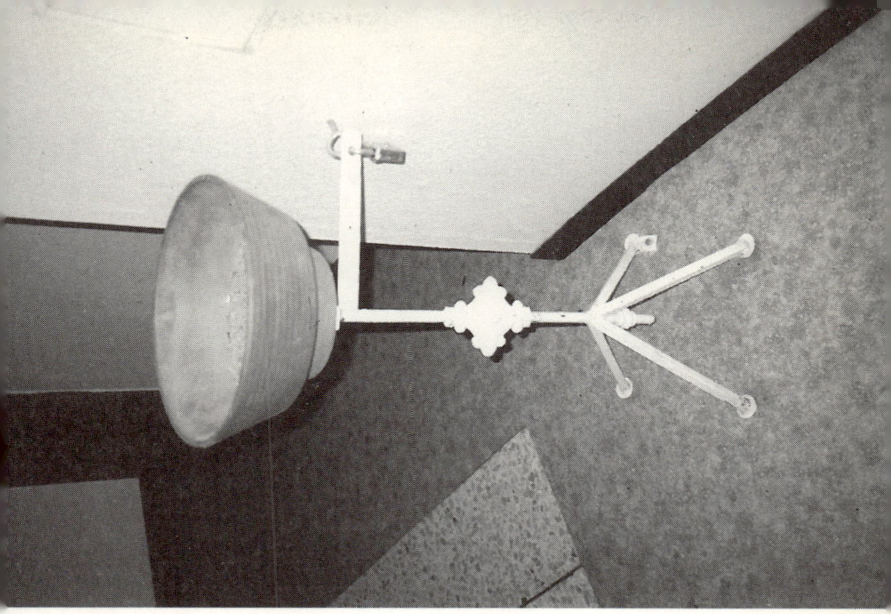

Angeschlossene Ascher II

braucht im Auto. Er soll überhaupt ganz viele Bescheinigungen und Sondergenehmigungen haben für allerlei Extras. Im Supermarkt holt er dann einen Wisch raus, der ihn von der 7 Prozent Knäckebrotsteuer befreit und so Dinger. Leider ist es nicht ganz so wild. Ich hab ihn inzwischen gefragt, und es hat sich herausgestellt, daß Höge es mal wieder dramatischer gemacht hat, als es ist. Allerdings ist es dramatisiert viel schöner, als es wirklich ist. Also Köln hat uns abgelehnt. Da haben wir auch gleich Köln abgelehnt. Die West-Gisela hat uns die Schlafplätze zugewiesen (Abb. 100), wir haben was gefressen und dann sind wir mit dem Leporello los, Ausstellungseröffnungen erledigen. Ach du Scheiße! Erstmal Köln selbst. Lachen ist be**kant**lich die Verwandlung einer gespannten Erwartung in nichts; trotz Kant konnten wir gar nicht lachen. Das Katholische im bösen Sinne, also nicht byzantinisches Christentum und vielseitig Mehlspeise und Carl Schmitts »verschärfter Katholizismus« (Abb. 136), sondern die Vikare und das alles und Bohnerwachs und eng und Pommes überall. Es ist sowieso eng und dann noch das. Das Weltliche dazwischen, na, das ist dann eine Kraft durch Gebäude vom Gerling-Konzern oder irgendwas Ulkiges namens ›Gürzenich‹. Das hört sich so nach Würstchen mit Mostrichstimmung an. Päffgen mal ausgenommen, gegen Päffgen ist überhaupt nichts einzuwenden. Weil ich weiß ja inzwischen,

Bin gleich wieder da!

daß ich kein Farbfernseher werde in meinem Zweiten Leben, sondern eine Brauerei. Und zwar so eine gediegene Hausbrauerei mit Publikumsverkehr, wie Päffgen oder Kommunbräu in Neustadt an der Pegnitz. Also da sind wir mit unserem Leporello, wo die ganzen Galerien draufstanden, durch Köln gestiefelt und zu Maenz in dies und jenes, und im Trend lag offensichtlich, naja, was heißt offensichtlich, eben nicht, im Trend lag eine Gegenbewegung zum Ölschinken, also eine Schwundbewegung, und erstmal war nichts zu sehen in den großen Galerieräumen, außer die Eröffnung selbst (Abb. 59), Seidenstrümpfe mit Pömps und Weinglas, und irgendwo dann in der Ecke hat Baacke gefuchtelt, Kapielski komm her, hier isses! Ein Hundekörbchen mit ausgefallenem Kissenbezug. Prima! Weiter. Bei der West-Gisela war was mit Drucken zu sehen. Schmiedeeiserne Gitter, aber gedruckt. Dafür hatte sich also die West-Gisela entschieden. Aber Moment, eins war doch noch anders, Maenz war doch was Auffälliges, es war dieser Sprühkünstler aus Amerika da. Der Hering. Er lebte scheinbar noch. Er war persönlich da, und da haben sie sich was ausgedacht. Da ham sie galerieseits irgendeine Tunte gemietet. Da stand ein Schwuler im Schlüpper mitten in der Galerie, hat seinen gestopften Sack in die Landschaft gewölbt, und der Hering hat ihn besprüht. Und es war voll und »Huch!« und »Hach!« ham sie alle gefeixt. Es

Kanne, Solle, Musse, Dürfe

wurde aber doch schon allgemein so halb und halb kritisch aufgenommen. Also Baacke, sag ich, entweder wir sind blöd und kriegen irgendwas nicht mit, oder ich weiß auch nicht. Was sollen wir denn nicht mitkriegen, fragt Baacke. Tja, ich weiß nicht, eine tiefere Ebene oder was (Abb. 114). Quatsch!, sagt Baacke und der muß Bescheid wissen, er hat Kunstgeschichte studiert. Na gut, wir haben uns geeinigt, daß das noch bescheuerter ist, als das, was die Heinisch weiblich verbrämt in Berlin bringt, und sind beleidigt abgeschoben: Dett könn wa och! Erniedrigt sowieso. Je nun. Wir waren wiedermal gar nicht schlecht gekleidet, aber in Köln waren wir die relativen Penner. Es war alles nix. Da ham wir uns an irgendeinem Friesenplatz in einen ›Enziankeller‹ hinunter begeben mit Heimweh und ham uns erstmal ausgiebig wieder den Arsch vollaufen lassen auf die brandenburgisch-slawische Art unserer Heimat. Also **Ölivenol. Es** hat harmlos angefangen, wir sind aus dem Saufen gar nicht mehr rausgekommen, und ich war irgendwann besoffen wie ein Stinktier im Fegefeuer. Ich war der Meinung, es ist deine spezielle Aufgabe hier unten unter dem Motto ›Come on baby light my Feier!‹ für größtmögliche Peinlichkeiten zu sorgen. Es war ein rechter Folterabend. Die Bouteille hat mir einen reingewürgt; ich kriegte Mattscheibe. Erst grinsen sie ja noch alle vom Arschloch bis zu den Augenbrauen. Dann kam eine kritische Stelle, wo

Spreizen ohne

sie uns fast rausgeschmissen hätten. Das war nicht einfach, aus einem Keller mußt du ja einen sozusagen hochschmeißen; nun schmeiß mal einen hoch, der besoffen wie Old Trinkhorn unter Schwerkraft steht. Da haben wir uns lieber vertragen und wieder gesungen. Schließlich ist man Künstler, und Realität ist bekanntlich die Illusion, die aus Mangel an Alkohol entsteht. Wir haben aus der Winterreise gesungen, gleich den ersten Song, die sowjetische Hymne, auch wunderschön, dann noch allerlei mir unbekanntes; ich habs trotzdem wacker mitgeschmettert. Ich glaube, wir haben sogar geschunkelt. Mit Keller-Kölnern konnten wir entschieden besser als mit den anderen oben. Trotzdem, wir hatten uns zu weit aus dem Sporteck heraus gewagt. Und ich habe auch noch die Sache mit den Frotteehandtüchern (Abb. 133) vergessen. Gisela West hatte noch einen Tisch reserviert, das war noch davor und war was, wo ein Bier fünffünfzig kostet, aber nur damit Leute nicht reinkommen, die das zu teuer finden. Da sollten wir uns noch dazwischen klemmen. Kippenberger fuchtelte da auch rum, brauchte viel Platz. Wir waren dazwischengeklemmt und schwitzten wie die Pferde. Wir waren deplaciert. Wir haben eben so eine Blödigkeit in solcher Gesellschaft, nicht die Bohne Stil und dann das Schwitzen vom Saufen, das Ausschwitzen des Taufwassers in Todesangst. Um das wegzukriegen, müßte man beharrlich in die Paris-

Spreizen mit

Bar latschen, in die saublöde, und üben auf Lässigkeit durch Sicherheit und Sicherheit durch Lässigkeit. Also was wunderts, ich machs ja nicht. Ich dachte, Scheiße, fressen geht hier sowieso nicht, ich will hier nicht in die Brühe schwitzen. Auch wenn sies eng mögen und die Suppe dünne. Aufm Klo habe ich mich gekühlt. Und das war das schönste in diesem Hammerstein hieß das, glaube ich. Ein wunderbares Badezimmer hatten sie dort. Neben dem Waschbecken ein Stapel frische kleine weiße Frottetücher. Und gar nicht angekettet! Das kennt man gar nicht, wenn man von Berlin kommt, was Unangekettetes, oder Hamburg, wo ich mal erlebt habe, daß schwere schmiedeeiserne Aschenbecher mit Vorhängeschlössern angeschlossen waren (Abb. 16ff.). ›Hotel Interrast‹ war das, früher ein Großpuff. Sofas, Wandbilder, alles angedübelt und mit Vorhängeschlössern und Ketten an Eisenringen und Kugeln fest eingemauert. Sie müssen diese tonnenschweren Ascher einstmals kolonnenweise rausgeschleppt haben, sonst kommt man doch nicht auf die Idee, sowas anzuschließen. Oder es ist eine übertriebene Angst um den Erhalt der vorhandenen Werte; es ging ihnen damals nicht gut auf der Reeperbahn. Alle hatten plötzlich Angst um ihre Piephähne, wegen Aids, seinerzeit die erste vermittelst Medien übertragbare Krankheit. Und mit Fromms hat der normale Nuttengänger keinen mehr hochgekriegt.

Hobby: Freizeit

Also sind alle nur noch gucken gegangen und haben sich in der Piepe einen abgeschüttelt. Und deswegen haben sie die Peepshow dann auch abgeschafft! Das ist ein Komplott zwischen Staat und Zuhalt. Die Nutten mußten wieder attraktiv gemacht werden; sie zahlen schließlich Einkommensteuer. Na ja, is nur so ne Tee-mit-Rum-These. Jedenfalls in Köln großzügig unbewachte Frotteetüchlein vom feinsten. Vornehme **Tassentücher**, aber zum *sich* abtrocken! Es war dann auch gleich so ein Unterschichtreflex da, daß ich dachte, da läßt du welche mitgehen von den schönen weißen Frotteetüchern und sagst auch Baacke Bescheid, daß er sich auch paar davon vor den Sack stopft. Ich habs aber sein lassen. Es war peinlich, ich hab mich geschämt für den Einfall. Ich kam mir doch auf einmal blöd dabei vor. Es war schon Prols genug, daß ich mich siebenmal abgetrocknet habe wegen Schwitzen in dieser Scheißkneipe und immer mit einem neuen Frotteetuch. Ich hatte auch schon überlegt, ob ich mir nach dem Scheißen nicht mal zur Feier des Tages das Arschloch mit Frottee abtupfe. Die Freude des Sklaven am Saturnalienfeste (Abb. 137). Oder vielleicht gar nicht und genau umgekehrt der unter den Parvenus in Köln übliche rempelige Stil. Fergie macht sowas bestimmt ständig. Wir sind doch diejenigen, die zweilagig bleiben, trotz Hämorrhoiden. Übrigens funktioniert ja die ganze Welt- und Gewaltgeschichte

Verstecken spielen

nur aufgrund der Angst jedes einzelnen Menschen vor dem Tod. Das hätte jetzt keiner gedacht, oder? Doch: Wenn diese Angst mal weg ist, muß sich die Macht was überlegen. Aber wir sind noch zu feige, ich besonders; es ist gerade mal das Stadium »better dead than dying« erreicht, oder »better besoffen than dead«, also ständig dying. Und somit ist man zu dreiviertel bereits Leichnam mit progressivem Wachstum und krallt sich an das verbliebene schrumpfende Viertel wie an einen rostigen Bierhumpen. Nach den kleinen weißen Frotteetüchern sind wir in den Enziankeller abgehauen und haben uns verschluckt. Es war ein Rückzugsgefecht. Und nach dem Enziankeller, da waren wir so besoffen, daß wir nur noch mit einem Auge gucken konnten, da standen wir uns plötzlich gegenüber und haben uns mit unseren einen Augen ganz erstaunt angeschaut. Wir hatten auf einmal wieder zwei oder sogar drei Frotteehandtücher aufm Arm, aber diesmal große kackbraune! Was war denn nun los? Es war schon wieder zu heiß, aber diesmal wackelten im Unterschied zu vorhin tittenfreie Thaiweiber durch eine von Grünzonen durchzogene Saunalandschaft (Abb. 68). Wir waren einem vorbewußt wirksamen geilen Trieb folgend in einem Saunapuff gelandet, wo sie uns erstmal die Frotteetücher unten am Einlaß überreicht hatten, damit wir uns nachher den Sack sauberrubbeln konnten. Dann mußten wir damit eine

Lieblingsarschloch I

Treppe hoch, mit einem Auge. Wir standen mitm mal blöde in unseren Wintermänteln mit den Frotteehandtüchern überm Arm in der Saunalandschaft rum und glotzten ungläubig aus unseren jeweils einen Augen zwischen die Pflanzenkübel hindurch auf die Kiefernhölzer und Weiber überall um uns herum. Und mit unseren jeweils beiden Augen auf die reichlichen Doppel-Zwickel und die unzähligen Doppel-Titten. Das sollte jetzt wohl nach dem Enzianbunker unsere Ardennenoffensive werden. Ach du Scheiße, sagte Baacke: Kapielski, du kriegst doch sowieso keinen mehr hoch! Da hatte er schon recht. Außerdem ruinieren wir uns hier, was meinst du, was da so ein einzelnes Frotteehandtuch kostet. Erneuter Rückzug! Also haben wir so dezent das irgend ging unsere Tücher ordentlich auf eine Ruhebank gelegt und sind auf eine Tür zugeschwankt. Ich hab sie aufgerissen und da ist Dampf auf mich zugeblasen, ich hab den beiseite gefuchtelt, und hinten im dunkleren Teil des Dampfes, da hats irgendwelche Strafraumgeschehnisse gegeben, da haben zwei oder sogar drei gefickt (Abb. 91). Wir waren ganz falsch. Es war grauenhaft. Langsam wurde man aufmerksam. Wir ham uns alle Mühe gegeben, unauffällig zu wirken, und haben uns die Türen gemerkt und etwas genauer gekuckt, bevor wir da was aufgemacht haben. Wie im Türfilm! Auf-zu rausrein. Wir mußten diese Treppe runter wieder finden. Endlich hatten

L. A. II

wir den Rausschmeißer am Arsch. Na prima, dachten wir, der wird uns jetzt rausschmeißen, da brauchen wir den Ausgang nicht mehr zu suchen. Doch er wollte uns nun auf einmal am liebsten dabehalten, wir sollten jetzt nämlich ein Lösegeld zahlen, weil in dem Moment, wo du so ein Frotteehandtuch berührst, da hast du sozusagen einen Vertrag und eine Option auf einen Geschlechtsverkehr abgeschlossen und mußt Storno geben, falls du es dir anders überlegst. Keinen hochkriegen gilt nicht. Es ging hin und her, schließlich muß aber den Ausschlag gegeben haben, daß wir uns plötzlich doch umentschlossen hatten; wenn wir schon zahlen müssen, dann wollten wir jetzt die Frottees doch wiederhaben und es wenigstens mal versuchen. Da hat er uns dann doch lieber rausgeschmissen. Die tiefste, tödlichste und geläufigste aller Sünden: Fortsetzung des Kampfes gegen den besiegten Feind! Deshalb sind wir sofort abgezogen und haben alles Material zum Bahnhof geworfen, das war selbstverständlich, daß wir zum Bahnhof in diesem Stadium mit Taxe hin mußten und grölend einmarschieren: »Dich teure Halle (Abb. 10) grüß ich wieder, geliebter Raum!« Denn dort gibt es zu trinken aus der Wand gezogen. Scheidebecher, Scheidebüchsen, es wurde langweilig. Gehn wir lieber ohne Schlafsäcke, ham wir beschlossen. Wieder irgendwie an einem Friesenplatz hat Baacke ewig am Schloß einer Wohnung

L. A. III

rumgefummelt, und dann sind wir dort durch die Quadratmeter erstmal die Küche suchen gewesen und wieder an die Becksbiere und endlich ins Futon. Früh stand plötzlich der bekannte Künstler Martin Kippenberger im Zimmer und hat an einem Metallschrank, wie ihn die Zeichner alle gern haben für ihre sogenannten Blätter oder Arbeiten, das sagen sie auch gerne zu ihren Blättern: »Arbeiten«, hat der genannte Künstler die Schubladen immer auf und zu gemacht mit Karacho. Das war ein schöner Krach und sollte sagen: »Guten Morgen!« Das war jetzt eine Überraschung. Wir wußten ja gar nicht, in was für eine Wohnung wir da nachts geraten waren. Ich dachte, das ist Gisela ihre. Nun lagen wir da in Unterhosen mit erigierten Gliedern im flirrenden Restalkohol beim Kippenberger im Mappenzimmer! Na, er hat noch ne Weile Schubladen auf und zu gemacht und ist abgezogen. Heilandssack, da mußten wir noch bissl liegenbleiben, es war und war kein Hochkommen, außer der Glieder, bis es einfach sein mußte, weil wir Hunger und Heimweh hatten. Die Wohnung unbewohnt. Der Meister hatte das Bier versteckt und war selbst auf Arbeit. Wir schnell raus, wir wollten nicht noch einen weiteren schlechten Eindruck hinterlassen, ham uns dann ins Auto gesetzt und ham völlig benommen durch die beschlagene Windschutzscheibe gestarrt und Hackepeterbrötchen gefressen. Oder Kölsche Kaviar Brötchen

L. A. IV (Signifikat/Signifikant)

und wie das da heißt. Mehr braucht man zu Köln nicht zu sagen; sie gucken sich auch schon wieder um hier in Berlin. Ich war aber nochmal da; komischerweise wieder mit Baacke, aber schon aus Hang zur Immobilie. **Wurstwasser (Wuwa).** Wie das so ist im Leben: Ich hatte einen Übermieter über mir in der Weserstraße, mir hingegen war die liebe Frau mit einem Wurstwassermann davongelaufen. Sie hatte auch allen Grund dazu gehabt, ich war wie ein Walfisch immer im Tran gewesen, immer kleine rote Augen, aber alle Kraft im Schwanz, haha, außerdem hatte mein ganzes Gehabe damals jene Glitschigkeit gewonnen, wie sie verlebten Männern eigen ist, also is sie mir einfach weggerutscht und mit diesem Wurstwasservertreter, und über mir der Arsch, das war so ein spitzgesichtiger Stinketurnschuhmann mit bunter Trainingshose mit vorne dickem Pißfleck drauf, und dieses Arschloch hatte um die selbe Zeit endlich mal eine Frau in seine Bude zu bugsieren vermocht – wahrscheinlich auf die Anzeige: »Einsamer sucht Einsame zum Einsamen. Postlagernd.« Arschloch! –, und nun fickten sie da oben Tag und Nacht, und zwar gut hörbar: tiefes »ä!« Und als Antwort ein spitzes: »hu!« Oder ein ausdrückliches: »JA!« Es war zum Verrücktwerden. Sie fickten immer zehn Minuten und dann legten sie eine halbe Stunde Pause ein und ließen ihre Geschlechtsteile auskühlen (Abb. 9). Dann wieder zehn Minuten Ficken. Ich habe

Ost-Schrippe mit Aufstrich

schwere Konzentrationsstörungen bekommen, und einer, der dachte, daß mir solche Witze gefallen, meinte hundertprozentig eklattauglich, ich sollte mal für ne Weile ins Konzentrationslager! Volle Entgleisung (Abb. 130)! Na, ich war jedenfalls dankbar für jeden blöden Scherz und keckerte gequält. Ich bin alle halbe Stunde zehn Minuten mit einem Steifen durch die Wohnung spaziert und hab versucht, den Fluch von oben aus der Welt zu wixen. Anschließend hatte ich wieder eine halbe Stunde Pause, und dann mußten wir wieder an die Arbeit. Nach vierzehn Tagen habe ich neuralgische Blähungen bekommen und mußte ständig pupen (Wuwa). Es wurde höchste Zeit, und ich habe mich dann entschlossen, mehr außer Haus zu verkehren. Also Kneipe, und es is ja auch schön dort, aber schlaucht (Abb. 126)! Und dann ist schon bald Schluß mit den Freizeitangeboten. Ich bin schon auch öfter mal ins Kino, wo sies aber ebenfalls ständig darauf anlegen, einen sexuell auf Trab zu halten, man kommt langsam ans Überlegen, was das soll, warum diese Gierbürde der Begierde so eine Rolle spielt, vielleicht gibts einfach nichts Besseres, oder sie versuchen einen zielorientiert zu halten oder auf Dauermangel oder was. Oder ich habe mich auf alles mögliche eingelassen, bin ins Völkerkundemuseum und ins preußische Lügenmuseum und hab mir die Kurze-Beine-Sammlung angeschaut und hab abgewartet, bis daß das

Foto: Tat- oder Auslegungssache?

frische Glück über mir etwas welker werde (Abb. 93). Das dauert ja nie besonders lange. Ich brauchte bloß auf meinen Pißfleck oben zu setzen. Zugegeben, er schien Kondition zu haben, aber aus biologischen Gründen konnte das nicht ewig gehen. Ich hab mich schließlich gefügt und es als Herausforderung auf ein renoviertes Leben genommen. Zu der Zeit habe ich mich wieder gefühlvoller um meine Freundschaften gekümmert, hab mich öfters mal Frieder Butzmann oder Helmut Höge angeschlossen. Und dann weiß man plötzlich solche komischen Zeiten zu schätzen. Es passiert mal wieder was! Einmal bin ich mit Frieder Butzmann die Potsdamer Straße runter gelaufen. Ich glaube, es war jetzt nicht nur, weil ich mal wieder Anschluß gesucht hatte, um außer Haus zu kommen, sondern auch aus gesundheitlichen Gründen. Doch. Wir neigten damals – aus Haltungsgründen wahrscheinlich und aufgrund allzu schwieriger weiblicher Bekanntschaften – zu Rückenschmerz und Hexenschuß. Und mir gingen ja die Umstände langsam ans Rückenmark. Und da es heutzutage üblich ist, sowas erstmal durch einen Kaufakt zu heilen, sind wir beide los, um einen orthopädisch einwandfreien Bürostuhl auf Rollen einzukaufen (Abb. 40). Die Idee war: sechshundert Mark Ablaß auf einen Bürorollstuhl, und die Sünden der schlechten Haltung dem Weibe gegenüber würden das Zimperlein schon

Dieter

kurieren (Abb. 97). Außerdem hast du mit so einem Rollstuhl plötzlich den Rampenbonus. Also auf die Potsdamer, weil dort ein Stuhlgeschäft für solche gesunden Stühle, auf denen man besser arbeiten kann, ansässig ist. Irgendein Stirnschlitzer namens Ronald Goetz hatte uns nämlich auch noch mit der Parole: ›dont cry – work!‹ angefacht (Abb. 136). Wir sind rein und haben rumprobiert mit den Bürostühlen auf Rädern und sind wie Autoscooter durch die Verkaufsräume auf Probefahrt gewesen. Die Rampen rauf und runter. Auf der anderen Straßenseite hat die Firma Raab ein Gemischtwarengeschäft, ein Teil Kunst der höheren, zumindest aber großen Mittelklasse so Richtung Fettich und Herr tel und daneben feine Möbel, so neumodische Regale und spitzwinkliges Zeugs, ein Delikatessengeschäft, aber für Möbel (Abb. 129). Zwischen dem spitzwinkligen Zeugs stand ein Sofa, ein wohlproportioniertes Ledersofa, das Stil hatte; das war der Einzelgänger zwischen all dem Mist (Abb. 102). Da setzen wir uns jetzt mal Probe, war unser Entschluß. Sind rein, und es kam von hinten aus einem Kaffeemaschinenraum irgend son halber Kollege mit gutem Geschmack angewetzt, und wir haben Probe gesessen. Wir müssen damals überzeugend gewirkt haben, er hat uns für Käufer gehalten. Wir saßen da 30 Minuten, und unser Sofaberater apportierte Lederproben, Farbtafeln, und dann haben wir mal

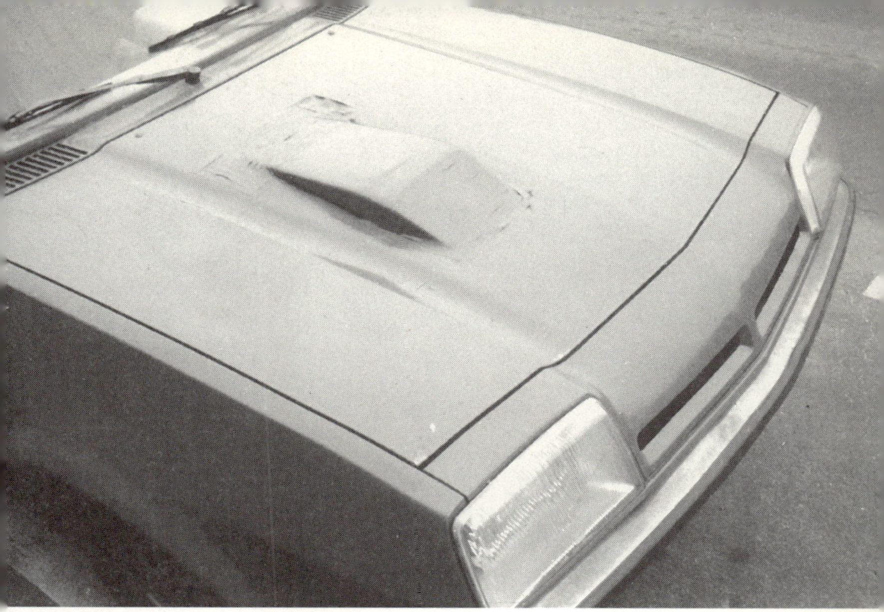

Heizkörperverkleidung I

beiläufig nachm Preis gefragt. Alles zusammen ungefähr 12000 Mark (Abb. 103). »Na, das ist ja sehr netto von Ihnen!« Da mußten wir uns nochmal setzen und das nochmal überlegen, die Farben und ob Gänseleder oder Büffel. Und dann sind wir abgezottelt. Preise vergleichen, Verbraucherhusten. Nun kann man nicht immer mit der Wohlfeile an den Gittern der Armut schaben. Und das ist es doch letztlich: unsere ärmliche Freude am Saturnalienfeste. Und dann immer dieses »Arme ham auch Ärmel und Beine« (Abb. 60). Scheiße! Die Kranken sterben nie aus. Dafür ist Sterben ein einmaliges Ereignis! Dachte ich mir in meiner sylvischen Furche. Nochmal zu Einzelgänger (Abb. 111). Ich hatte mich ja jahrelang in verschiedenen Vereinen für die leninsche Elektrifizierung der Erde eingesetzt und war damit zum Vereinsmenschen geworden (Abb. 84 & 132). Daher kommt das Kneipenhocken, der Hang zum Bier in der Rauch- und Redeschwade. Geistige Sauf-, Klimm- und Lungenzüge unter gleichgesinnten Menschen. Da war ich ganz gut drin, und nun wird mir das immer grauenhafter. Vielleicht bin ich auch mal Künstler geworden, weil ich gehört hatte, das sind geniale, irre Einzelgänger, da macht jeder, wie er braucht und kann (Abb. 114). Abgesehen davon, daß man Künstler wird, weil man zu Recht denkt: Das können wir doch aber auch! Heute weiß ich, daß es Quatsch ist; die Künstler sind

Erbswurst

noch schlimmere Vereinshuber (Abb. 59). Jeder ist bloß ständig in eigener Sache für die Sache unterwegs. Alles warm halten, jeden Finger in jegliches Loch gespreizt, das Bowlingsyndrom (Abb. 79). Sonst können sie meist gar nichts. Vielleicht mal notfalls einen harmlosen Gegenstand zum Kunstwerk erklären, denn nur die Dinge sind wahre Einzelgänger (Abb. 71). Bohème geht wegen der Mietpreise auch gar nicht mehr, und die ganze Ideologie dazu ist inzwischen untauglich. Aus Mietpreisgründen werden sich kleine Kampfrudel bilden, und ihr Motto wird »Immer ä Grüppche um mich rum!« sein, und sie werden alles nochmal umkehren, egal wen; Hegel, da heißt es dann: »Dialektik? – Mir ist jede recht!« Oder mit Fuzzy und sogar Nietzsche. Da heißt es dann: »Diesseits von blöde und gut vulgo super.« Und du steigst niemals zweimal in den gleichen Bus (Abb. 5 & 36). Künstler wird man nur noch genetisch gekoppelt benutzen; da ist man ihre Originalität los. Beruf: Hobby. Ruhig nochmal das Abnagen der Knochen der Klassiker! Aus Duchamps und Magritte wird Duchitte und die tüchtige Aussage: »Ce n'est pas une fontaine!« (Abb. 12) Diter Rot plus Rodin, da wird vielleicht Roditer daraus, und es folgt die Einsicht, daß der ›Denker‹ eigentlich ein ›Scheißer‹ ist. Was Kapielski plus Baselitz wird, hatte ich früher schon mal ausführlich erklärt, das will ich jetzt nicht weiter ausführen, aber wie man

Heizkörperverkleidung II

sich denken kann, gehts ums Bilderumdrehen (Abb. 114). Wichtig ist noch, daß Pfandflaschen die beste und stabile Geldanlage darstellen, sunder warumbe! So. Jetzt kann man manchmal nicht einschlafen, und man kann nicht unablässig Thesen bilden und man wird älter, und eine Schwäche legt nahe, es sich langsam einzurichten. Da möbliert man sich im Kopf schon mal mit Sofas. Was wieder bohème ist. Und zwei gleich! Es ist einfach grauenvoll. In mir war ein lästiger klebriger ekliger Wunsch am Ausgären, ein zeterndes Mangelgefühl ausgerechnet auf Möbels! Zwei sogar! Ein Hang zur Immobilie, der sich aus pekuniärem Mangel auf Möblierung bescheidet; Immöbilie; was ganz Kleinbürgerliches, aber verbrämt (Abb. 119). Typisch **Ölivenol**. Und irgendwie ist man sich bei all dem Jugendwahn ringsum eine gelegentliche Frühvergreisung schuldig. Und zu Recht, denn unsere Jugend, da steht Zuchtlosigkeit für Humor und Lustigkeit und billiger Zynismus für Intelligenz. Nicht mal eine Anstrengung, um blöd zu bleiben; das geht gleich so. Ich wünschte mir also zwei Sofas vom Weihnachtsmann. Der Weihnachtsmann war Baacke. Eins würde auch erstmal ausreichen. Baacke machte damals bei den Jugendmöbelfritzen vom ›Berliner Zimmer‹ so eine Art Generalvertreter und Propagandaminister gleichzeitig, und es ergab sich um diese Zeit, daß die mit ihrem spitz- und dumpfwinkligen Möbelzeug und den anderen

Heizkörperverkleidung III

postmodernen Schrankwänden von Pappe und Marmor nach Köln auf die Möbelmesse sind, und da habe ich mit Baacke gesprochen, und der meinte, daß ich da mal mitkommen müßte, und wir würden dann da zu der entsprechenden italienischen Sofaklitsche latschen und das Musterstück fürn Kasten Bier und gute Worte mit nach Hause zerren. Da war ich einverstanden mit. Die Welt war verheißene Bescherung. Damals war sowieso alles noch gut, und besser! Wenn ich nur an die ›Olof-Palme-Birke‹ denke! Aber das ist eine andere Geschichte (Abb. 149f.). Wir waren ja nun auch Köln-erfahrene Leute. Und das war jetzt schon großer Stil. Da wurde gleich der Flug gebucht. Da konnte man zu so einer italienischen Nobelsofabescherung nicht mit der Mitfahrgelegenheit hinfahren. Baacke war mit dem Möbelwagen voll Spitzwinkelzeug schon vorgefahren, und ich bin ganz lässig zum Flughafen Tegel, habe gedacht, das machst du mal ganz, und da nimmst du nicht wie üblich wieder sicherheitshalber drei paar Unterhosen und zwei Hemden und eine Ausgehhose extra mit, nein, da reicht die Plastiktüte mit 2 Reisebier und Zahnbürste. Ich auf »Hallo Taxi!«, und ab. Am Flughafen wurde die Tüte durchleuchtet, das war nun wirklich albern, wie sie die Butter-Lindner-Tüte durchleuchtet haben, es war aber alles in Ordnung mit den zwei Büchsen und der Bürste und es war manchmal schon schlimmer gekommen. Es war ja

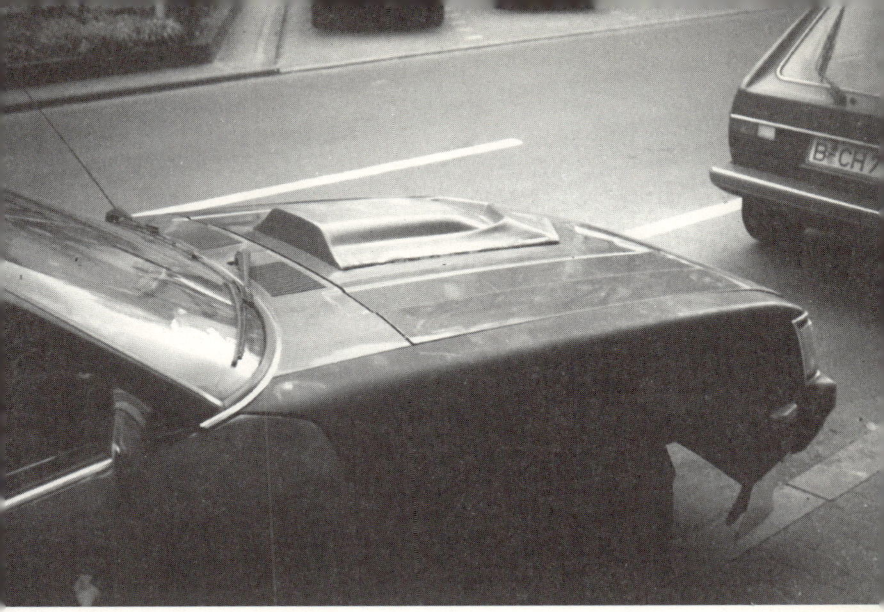

Heizkörperverkleidung IV

nicht mein erster Flug! Ich war ja künstlerisch damals schon so weit gewesen, daß sie manchmal Flüge genehmigt haben. Einmal war ein Flug von Nürnbert nach Nürnberg genehmigt worden, weil wir dort für eine Aufführung gebraucht wurden. Ich bin mit Sven Johansson von Tegel aus losgeflogen. Dem Butzmann, der war mit von der Partie, dem ist aber ein Intercity gegeben worden, obwohl für ihn auch ein Flug optimal in Frage gekommen wäre; es wäre aber umständlich geworden, er kam nämlich von Düsseldorf, und da war der Intercityreisezug die höchstmögliche Reiseklasse, die für ihn nach Nürnberg vorhanden war. Dafür ist dem Butzmann aber auch einiges an Extras geboten worden! Sein Zug hat einen Blitzschlag in die Weiche bekommen, und sie habens über die eingebauten komfortablen Lautsprecher, mit denen jedes Abteil ausgestattet ist, ausführlich angesagt, daß es eine Verspätung geben wird. »Buche suche, Weiche eiche!« War die neue Regel (Abb. 137). Sven Johansson und ich saßen aber in Berlin und nicht in Düsseldorf wie Butzmann, und da war Flug als höchstmöglichste Reiseklasse genehmigt worden vom Nürnberger Kunstverein oder Kunsthalle oder was. Allerdings ›Billigflug‹. Das bedeutet früh aufstehen. Das bedeutet ganz früh packen und raus nach Tegel früh um sechs. Wir waren froh, daß wir das geschafft hatten, und da schüttelten wir uns so ausführlich und bekloppt, wie

Volkswagenficker

nur je die Frühaufsteher früh um sechs sich jemals schütteln vor dem Check-in. Das Check-in lag jetzt an. Also wegen der ganzen Scheißbomben ist es nicht leichter geworden mit der Fliegerei. Da haben sie nämlich eine Sondersicherheitskontrolle vorgebaut, wo sie einen zum Beispiel fragen, ob man seinen Koffer selbst gepackt hat, und wo wir dann nicht anders konnten als sagen: »Nee, den ham unsre Muttis gepackt!« Und nun war diese gereizte Vorfrühstücksverfassung, die vorherrschte. Bei allen! Und weil man auch nichts mehr ernst nimmt im Leben. Da war die Poofbacke aber sauer! Denn das war sie, die vorgezogene Sonderkontrolle: eine doofe olle Poofbacke mit Backpfeifengesicht, irgendeine dumme Nuß, eine unausgeglichene Person mit neurotischer Charakterpanzerung natürlich. Und sie wollte Ärger; wir nicht! Die Poofbacke behauptete plötzlich, wir hätten unsere Hartkoffer, wo unsere Instrumente schließlich drin waren, für viel zu lange Augenblicke unbeaufsichtigt gelassen im Flughafengebäude; wo auch reichlich was los war, sie standen elend vielzählig nach Palma und so an, die komplette Fremdenverkehrslegion. Und es stimmte natürlich. Wir hatten uns ewig geschüttelt, waren zu früh auf den Beinen, und zu jeder Handlung fehlte noch das rechte Maß. Aber wir leugneten, was das Zeug hielt. »Unbeaufsichtigt? Unsre Koffer?« fragten wir scheinheilig. »NIE!« Wir haben uns

Knutschlabors

weder teilen noch anherrschen lassen, die Poofbacke versuchte all ihre miesen kleinen (durchschaubaren) Sonderkontrollentricks und wollte uns partout nicht nach Nürnberg lassen. »Denkste, du Sau!« dachten wir! O, da zeterte die alte Poofbacke aber los! Das können sie nicht ab, diese Leutchen, da zetern sie gleich nach der Polizei: »Unbeaufsichtigte Hartkoffer! POLIZEI!« Jetzt reichte es aber! »Das sagen wir Nürnbert!« (Abb. 55) Es steigerte sich alles spiralistisch (Abb. 75) ins Uferlose, und wir wurden in Nürnberg gebraucht, die hatten uns so nötig, daß sie Flüge finanzierten, verdammt! Und die blöde Kuh läßt uns da nicht hin! Johansson tat, im Gegensatz zu mir, jetzt auf einmal genau das richtige: Er bekam, nee, er hatte ja schon fiebrige, vorstechende Augen und ging mit seiner ganzen miesen Vorfrühstückslaune bis auf wenige Zentimeter auf die Poofbacke zu und hat die subalterne Mistsau vor sich hergebrüllt. Komischerweise hat aus einer ganz anderen Richtung auf einmal einer »Bier!« gebrüllt, um die Zeit! Und das hätte fast wieder alles zunichte gemacht. Komischerweise hat aber alles trotzdem die rechte Wirkung auf einmal gehabt. Die Poofbacke war auf der Stelle magdeburgisiert. Also kamen die Hartkoffer doch nach Nürnberg und BASTA! Es wird immer erstaunlicher, was man aus Sicherheitsgründen erlebt. Mit Butzmann mußten wir mal in einer explosionsgedämmten Halle einen Koffer öffnen, während

Arschbombe

die Schweine hinter Betonwällen in Deckung gelegen und auf das Zerbersten unserer Leiber gewartet haben. Das war wegen einer Styroporkugel, die mit Spiegelstückchen rundum beklebt war; im Fachhandel für Unterhaltung nennt man das Discokugel; die machen, daß so lustige Lichtpünktchen im Saale umherfliegen. Sie haben sie beim Durchleuchten für eine klassische Bombe gehalten, so eine runde Bombenkarikatur mit Lunte oben dran. Wir haben sie dann rausgeholt und hochgehalten und uns totgelacht, wie sie da zögerlich und enttäuscht ihre fetten mordgierigen Ärsche aus der Deckung gedrückt haben. Diese ganzen Schaschkes, die auf ewiger Terroristenjagd sich befunden haben. Und ich schwöre, wir hätten sie mit hochgehen lassen! Aber unsere Radikalität beschränkte sich noch auf den Ausdrucksbereich vermittelst Discokugeln. Übrigens komisch, wie nahe Disco und Discosion beieinander liegen, dabei beißt es sich eher. Oder eben gar nicht; beides Sozialunfug (Abb. 132)! Von Nürnberg zurück haben wir auch einen Flug gehabt. Und das bedeutet nun schon nichts weniger, als daß der Veranstalter hochzufrieden und die Künstler hervorragend waren bzw. sind. Es war auch wirklich eine ganz hübsche Veranstaltung. Danach die üblichen Saufgelage und verzweifelt eiligen Weibergeschichten. In einem gewissen ›Cafe Lila‹, wo so Figuren sich aufgehalten haben, deren Lebensläufe etwas verzweifelt

An der Hirschröhre

im Kreise laufen, und wo wir Künstler sowas wie frischen Wind und vorlautes Ärgernis zugleich darstellten, haben wir uns die Nacht um die Ohren geschlagen und um Sinn und Verstand gesoffen. Zum Schluß haben wir uns alle zerstreut. Butzmann nach Düsseldorf, Johansson auch in eine andere Richtung, und ich hab mich nächsten Tag nachmittags zum Flughafen chauffieren lassen, und dort steht nun ein unglaubliches Kunstwerk. Einen Globus haben sie umgeschmiedet zu einem Nürnberger Trichter (Abb. 117). Das soll uns das Weltläufige Nürnbergs nahelegen. Ein feister Euphemismus! Welchen aber dieses Werk irgendwie doch wieder wett macht, was ja das Schöne ist an Werken. Na! Auf einmal kam doch durchs Flughafengebäude ein Bekannter angeschwankt: der Glasmeier! Er war ja quasi Nürnbert gewesen und hatte diese Sache veranstaltet. Ihm hatten wir die Flüge zu verdanken! Wir hatten beide schon einen sitzen und sind sofort mal ins ›Fly and buy and drink‹ eingekehrt und haben Weissbiere wegen gestern nachgeschüttet, auf daß wir anschließend um so tapferer durch die verschärfte Sicherheitskontrolle wackeln mochten. Die Flughäfen werden immer blöder (Abb. 132). Ich will das jetzt hier nicht weiter begründen, es ist aber so und braucht auch gar nicht begründet werden. Im Vogel selbst gehts eng zu. Ich hatte einen Fensterplatz bekommen, Glasmeier saß in der Mitte und außen am

Probatum est!

Gang eine schöne Dame im kleinen weinroten. Kaum hatte der Vogel eine gewisse Höhe erreicht, da fingen wir schon an, nach Rotwein und Bier zu brüllen. Die Stewardessen rollten die Augen. Obwohl sie einiges gewöhnt sind. Insbesondere ›Finnair‹. Das ist sozialarbeiterische Höhennummer! Wenn du bei Finnair warst, nehmen sie dich überall, da is sich kein Re-integrationsprojekt zu schade für. Wir waren jetzt allerdings PanAm oder sowas. Kaum stand jetzt Glasmeiers Bordeauxpulle aus Plastik da, war sie auch schon umgekippt. Das ham sie nun davon, daß sie Plastik austeilen! Am linken Flügel habe ich die Pfütze mit den Händen eingedeicht, Glasmeier war sich nicht zu schade, den edlen Plastetropfen gierig mit geschürzter Lippe im Zentrum direkt vom Klappbrett aufzusaugen, während die weinrote Dame nach einer elend langen Schrecksekunde ihre sämtlichen Tempotücher auf die rechte Flanke geworfen hat. Sie war ganz gefaßt, sie hatte sowieso ein weinrotes Kostüm an, und da war es ihr vielleicht schon sehr egal. Es war ein Absturz im Vogel! Nach Köln zur Möbelmesse war es alles ähnlich, ohne kleine Unfälle geht es nicht ab, wenn soviel Aufhebens um eine sowieso zweifelhafte Sicherheit getrieben wird. Sie haben, wie gesagt, meine Butter-Lindner-Tüte durchgeleuchtet, sie ging in Ordnung, und dann sind wir mit unserm gratis Tagesspiegel im Gänsemarsch hinein in den Vogel, man macht

Wieder beide Beine ab!

ja diesen verhaltenen Schieber, wenn man in so ein Flugzeug einsteigt, diese Polonnaise mit den Hartkoffermännern, und dann stopfen sie oben alle ihre nappaledernen Schlepptops in die Fächer und drängeln rum und gucken auf ihre Nummernzettel und sind schon ganz fickerig auf den Freischnaps, eben der übliche Schwachsinn an kollektivem Verhalten, und wie ich mich so auf meinen Fensterplatz quetsche und meinen Arsch in den Sitz zwänge, macht es »ratsch!«, und mein Knie guckt durch ein Loch in der Hose mit raus ausm Fenster am Fensterplatz. Scheiße, dachte ich ganz dumpf, das ist die Strafe dafür, hättest du mal zur Sicherheit deine Ersatzhose mitgenommen. Man ist gleich völlig mit drin im Sicherheitswahnsinn. So ein Knieriß war ja damals noch nicht in Mode, das war ja noch ganz ursprünglicher Ausdruck des Protests an den herrschenden gesellschaftlichen Verhältnissen gewesen. Heute ist ja so ein Knieriß ab Werk gegen geringen Aufpreis bei C&A zu haben, und zwar als Ausdruck des Aufeinanderzugehens und der Nutzung all unserer Schangsen im kommenden Europa und wer weiß, was noch alles. Da wäre ich aber auch nie draufgekommen damals in dieser Situation auf diese kapitalistische Genieposse, wo mir ja die Situation sozusagen einen genialen Einfall geschenkt hatte und auch noch umsonst, und ich hätte durchaus Millionär werden können mit den industriell geschlitzten Nieten-

Heute

hosen gegen geringen Aufpreis. Wußte ich damals nicht recht zu nehmen, den kleinen Unfall. Ich hatte noch mehr eine rousseausche Auffassung vom Loch im Strumpf, aber immerhin hab ichs doch schon unfalltheoretisch aufgefaßt, und fatal. Es war aber auf jeden Fall ein verschwendeter Einfall, es gab ja damals als Künstler keine Lauer, auf der man nicht gelegen hätte um eines guten Einfalls willen. ›Einfaltspinsel = Ausfallspinsel‹, war mein Motto gewesen. Und zu dieser Zeit hatte ich längst die ekele Angewohnheit des Künstlers angenommen, um Einfälle zu geizen, alles zu verwerten, jeden schönen Gedanken auszuwringen, ihn aber öffentlich vorsichtig zu dosieren, damit ja keiner klaut. Später bei der Zeitung noch schlimmer, da hat man seine ganzen Kräfte auf die Veröffentlichung konzentriert, da gabs überhaupt gar nichts mehr, kein Erlebnis, kein Einfall, kein Bonmot, das nicht verwurstet worden wäre. Man läuft wie ein Vampir durch die Geisteswelt, Herr, verzeih mir (Abb. 137)! Einmal hatte ich in der S-Bahn einen EINFALL! Es war ein unglaublicher Einfall. Ich hab nichts notiert, und zuhause war der EINFALL weg. Bei mir ist es so, daß ich manchmal denke, jetzt gehst du in die Küche und machst Kaffee. In der Küche weiß ich partout nicht mehr, was ich eigentlich in der Küche wollte. Wenn ich an den Ort zurückgehe, wo der Einfall kam, dann weiß ich sofort wieder: Richtig! Kaffee & Kuchen! Beim

Früher

EINFALL bin ich zurück zur S-Bahn; ich wollte meinen EINFALL wiederhaben! Ich bin eine halbe Stunde zurückgefahren und eine halbe wieder nach Hause und hab gewartet, daß der EINFALL kommt. Er kam nicht. Ich habs nie verwunden. Seither habe ich einen Notierwahn. Ich weiß, daß es der beste Einfall war, den ich je hatte; ich wäre über Nacht berühmt und reich geworden. Er schwebt jetzt virtuell im Limbus umher und wird mir zehn Sekunden, bevor ich den Arsch zukneife, einfallen, und ich werde denken, zum Glück hast du diesen ganzen Kuchen damals vergessen. (Ich komm hier wieder von Kuchenbacken auf Arschbacken.) Jedenfalls die großen Zeiten der besten Gespräche waren die Kneipenrunden, wo wir den Reichtum unserer Einfälle verschwendet und anschließend *vergessen* haben: die Schwärmer, die Heuler, die Lacher, alles hinaus ins Pluriversum geschaufelt, nichts davon aufgeschrieben, mit nichts davon die Welt verbessert und belästigt! Für den Hosenriß ging mir als spezialisierter Verwerter also der Instinkt ab. Bei Autos sind solche Schlitze vorne auf der Haube dann auch mal in Mode gekommen; da sollte man sich besser durch die Landschaft mit saugen können. Irgend so eine orale Tempogierigkeit (Abb. 30). Und dann kam ja das Klapptischchen mit dem Freßtablett drüber und Bier und Schnaps. Da ersäuft man also schon solch einen harmlosen und verkannten Kleinscheiß,

Morgen

diesen Quatsch, weil es einen doch mitnimmt manchmal. Es ist überhaupt erstaunlich, mit welcher Detailfreudigkeit der Kummer und die Sorgen sich auf jeden Scheiß setzen. Die Kranken sterben *nie* aus und manchmal wecken sie einen nur, um einem eine Schlaftablette zu geben! Da stehst du machtlos vis-à-vis und deshalb rufe immer sofort, wenns brenzlig wird: »Je suis krank!« Ganz laut. Gut. Köln, Landung, Möbelmesse. Vorn am Eingang die obligatorische Demonstration mit Transparenten gegen Tropenholzfurniere an Kiefernholzstangen. Dann kam ich auf telefonischem Wege konspirativ rein in die Möbelwelt, die als Fachmesse sonst nur für möblierte Herren mit Hartkoffern erlaubt war. Diese Herren hatten alle Hartfaserfrisuren und schoben sich auf ihre hölzerne Art zu Tausenden durch endlose Wohnzimmer, Eßzimmer, Kinderzimmer und was es sonst noch für Zimmer und geheime Wandklappbetten gibt. Es war unfaßbar. Riesige Hallen voll mit Schlafzimmern, ein Schlafzimmer nach dem anderen, Tausende Doppelbetten und die geheimen Wandklappbetten. Da schleichst du mit dicken Beinen fassungslos im Kreis herum und wirst müde, ganz schwer und müde und matt, geradezu marode und blutleer im Kopf. Da machst du den Schirm zu! Denn in jedem Schlafzimmer hockt je ein möblierter Herr am Nachttisch und ist an Vordrucken zugange. Und in allen Nachttischen stehn geheime Vertrags-

Gestern

unterzeichnungsschnäpse versteckt. Valium steht offen rum (Abb. 158). Wußtet ihr eigentlich, daß sich aus einem Bernhardinerhund durch Kochen und andere, gar nicht so komplizierte chemische Aktionen – die Chemieindustrie macht natürlich ein Aufhebens drum, klar! –, daß sich also auf letztlich sehr einfache Weise aus einem Bernhardinerhund eine Menge von etwa 12 ›Valium 10‹-Tabletten herstellen läßt? Und ›Valium 5‹ entsprechend 24 Stück. Die Fäßchen mit Rum am Hals werden gern mitgekocht, deshalb auch nachträglich beigegeben, falls sie am zur Verfügung stehenden Bernhardinerhunde fehlen sollten (Abb. 86). Und ›Optalidon‹ besteht aus Mutterkuchen von rotweintrinkenden Schauspielerinnen der mittleren Laufbahn. Aber das nur nebenbei. Ich dachte, Herr!, gib mir ein Tischtennismatch (Abb. 23)! Etwas Belebendes, Schnelles, Nervöses. Ich hab versucht, Fahrt zu kriegen, hab versucht, meinen Körper aus dieser Schlafzimmerhalle rauszuschleppen. Also nächste Halle (Abb. 126). Da bin ich zwischen die Wohnzimmer geraten, geklonte deutsche Wohnzimmer. Dann kamen die Pißhäuser. Eine riesengroße Pißhaushalle. Alles gekachelt, alles ums Scheißhaus. Es gab kleine Spülstangen, die nach dem Scheißen und beim Spülen automatisch ausfahren und einem vor dem Abwischen das Arschloch mit Lauwasser absprenkeln (Wuwa). Hier konnte man was für die Bildung tun. Und

Hinterher

das taten allerhand Leute! Es schlichen nämlich auch die ganzen analen Puschschnüffler und perversen Geheimbündler und Natursekten hier rum. Und sind zu dritt, zu viert in die Duschkabinen gestiegen und haben sich mit Klopapier diese komischen halben Lesebrillen geputzt, die Dinger, die vorne auf der Nase hängen. Sie sollen uns was zu verstehen geben, sogar Ernst Breit hatte sich gegen Ende son komisches Ding besorgt und wollte uns damit sagen, daß er viel liest. Sie glauben, sie sehen intelligenter damit aus. Es ist so eine Art materialisierter und herausgekehrter Doktortitel, nehme ich mal an. Die Sonderschüler haben früher mal gerne Universitäts-T-shirts getragen. Vielleicht also auch die paradoxe Tendenz. Aber weit und breit keine Tischtennisplatten, ich stand schon mitm Absatz über die Borderline drüber weg, da hätte nicht viel gefehlt und ich wäre in die Schrebergärten geraten, zur Rasendrainage auf Storch. Und das gibts tatsächlich! Dazwischen irgendwie als Medienknüller unser Baacke mit seinen spitzwinkligen Pappregalen und Neonleuchten. Die modernen Berliner Möbelerfinder. Da war im Kleinen, was auch im Großen so läuft, der Gesamtirrsinn braucht immer ein paar Onkel Pelles, ein paar wenige Witzbolde und andere Irre, damit man weiterhin Grenzen behalten, aber vor sich herschieben kann, ein paar Innovationstrottel, und man leistet sich auch gerne so eine

Bald

Filiale der Toleranz. Das war damals ›new wave‹. Die historische Wurzel des industriell geschlitzten Hosenknies und der Werbung für moderne Pomade. Es ist ein schaurig Gegnet! Aber da hat sich schon avantgardistisch abgezeichnet, womit man dereinst wird Geld verdienen können. Sie hatten, ich meine jetzt diese Möbeljugend damals, sie hatten solche Hocker aus Pappe im Angebot, der Einwegsitz, den man natürlich auch lustig bedrucken kann und den man in der Freizeit aufm abgezogenen Parkettfußboden selbst zusammenklebt, was heutzutage allen so großen Spaß macht. Und da stand plötzlich ein echter Nuntius da, der sah aus wie Reinhold Messners Urgroßvater und der hat Vatikanbankschecks auf zwanzigtausend solche Hocker für einen Papstbesuch ausgestellt. Für ganz vorne sollte es bei der Papstaudienz für die Alten und Gebrechlichen einen mit drei Kreuzen bedruckten Hocker geben, und die sollten dann anschließend fix & hopp im Müllwagen verschwinden. Da kam »Gott sei dank!«-Stimmung auf! Das war der Durchbruch mit Gottes Segen für Möbel aus Pappe. Übrigens haben wir doch alle mindestens zwei Bekannte oder Verwandte ab und zu im Irrenhaus sitzen; und das war schon komisch, wie meine Mutti einmal in der Geschlossenen unter Valium dräute und sie allesamt da in Zeitlupe durch die Gegend schlurften, bis oben voll Hallidol oder wie der Mist heißt, und was

Doofe Minuten

haben sie ihnen als Freizeitangebot anzubieten gehabt? Ein Tischtennis! Es war ein Witz. Dieses nervöse Spiel den Sedierten zu bieten! Manchmal haben sich ja wirklich zwei gefunden und dann ging das »Plopp!« Und bücken. Pause. ›China‹ noch absurder! Alle zeitlupe immer um den dämlichen Tisch rum und das flinke Pingpongbällchen am gleichfalls Irrewerden. Soviel nur nochmal zu Bernhardiner und Tischtennissport (Abb. 22). Also ich hatte nüscht zu tun und bin da wieder bißchen rumspaziert, hab meine Bier- und Wurstständein der Umgebung inspiziert, und entdecke mit einmal ganz abseits und ganz leer eine besondere Merkwürdigkeit, wieder eine Halle natürlich, nun aber Parsival: »Dich teure Halle grüß ich wieder, geliebter Pavillon!« (Abb. 10) Ein ganzer Pavillon mit sowjetischen Kleinmöbeln, von keiner Seele bemerkt, Regale, Tischchen, Fußschemel. In der Machart Ikea, gehobelte Kiefer, aber, und das war jetzt der Hammer, das völlig Absurde inmitten all dieses Irrsinns, das war hier alles derart sowjetisch überdimensioniert und robust, die Fußschemel hatten Beine wie alte Eßzimmertische, alles war viel größer, Fußschemel wie Kneipentische, Regale groß und breit wie Hochbetten, völlig fremde Größenverhältnisse, Nachttische wie Schränke, Swiftsche Kulisse. Eben sowjetisches Maß, alles in Werst, alles größer. Die Lippenstifte, das habe ich selber mal in

Verzerrungsberechtigt

Moskau gesehen, die sind in der Sowjetunion so groß wie bei uns die Deo-Roller, diese »Mein Bac! – Dein Bac!«-Dinger unter die Arme. Na gut. Es war soweit, wir sind zu meiner Sofavertretung und da stand es denn auch, das Traumsofa. Wir hams aber nicht bekommen, weder für ein Kasten Bier noch für gute Worte. Das Ding war bestimmt schon verschoben. An einen Kölner Bedürftigen wahrscheinlich. Es gibt genug davon und so hat man Verständnis dafür. Dann reduziert man eben auf die kleinen Freuden. Das Erwachen heiterer Gefühle im Kölschhaus Paeffgen! Da sind wir erstmal diesen Möbelwahnsinn verscheuchen gewesen. Sowas nee (Abb. 14)! Ja was macht man sonst in Köln? Man muß dieses Kölsch saufen und dann erledigt man den Buchkauf bei König und dann geht man wieder zu Paeffgen. Frißt dieses ›Halve Hahn‹, guckt sich die ernsten Texte zur Kunst durch und wundert sich. Das alte Spiel: Elite herauskehren. Künstler sind irgendwie erbärmliche Trottel; die meisten jedenfalls. Nach Leinöl stinkende Wahrzeichen der Korruption. Allein diese Abhängigkeiten! In Berlin dieses Geflenne um Ateliers. Zu klein, zu teuer! Na leck mich am Arsch, wer sowas braucht, der macht was falsch! Der verwechselt schon mal Größe mit Größe und Arbeitslosigkeit mit Künstlertum. Es kömmt darauf an, ein ordentlicher, sauberer Arbeitsloser zu sein; da ist man der Arbeit sowieso näher als alle

Rin i.d.K.

diese versorgungssüchtigen Sozialkassenkünstler und Arschkrücken! Ich hatte mal behauptet, wenn Sport der Bruder der Arbeit ist, dann ist Kunst die Kusine der Arbeitslosigkeit. Das müssen wir jetzt modifiziert lesen. Übernachtung bei Sammlers: ein zum Trunke neigendes Sammlerehepaar namens Zeisig im Raume Köln. Raus aus Köln, Fahrt hinaus in den Raum Köln zum Sammlerehepaar Zeisig. Ankunft bei Sammlers. Ich glaube, sie hießen Ralf, genannt Ralle, und Mathilde, genannt Hilde. Zack, die Mostrichgläser kamen auf die Tischplatte und Prost Ralle, Prost Hilde, Prost Baacke, Prost irgendwelche Weiber waren auch noch da. Da ging das gleich ohne viel Umschweife auf einen Mindestpegel hoch, damit wir bissel freimütiger wurden. Kleine Kunstplaudereien, und dann kamen die Schnittchen auch endlich, und als alle so herzlich erfrischt waren, da wurde jetzt die Sammlung vorsichtig rausgeholt. Zeigt doch mal die Sammlung! Sie hatten drauf gelauert, also: Na gut, zeigen wir euch die Sammlung! Die Rutenbecks wurden rausgeholt. Und ach herrje, was solln wir bloß machen mit den Rutenbecks? Die vergammeln uns langsam. Das waren eben so Rutenbecksche Spannungsnummern mit viel **Hosengummi (Hogu)**, und die Gummibänder, die noch vor Jahrzehnten die Zustände der Spannung gleichsam selbst und so weiter, die hingen jetzt schlaff runter, und keiner wußte, was man nu bloß machen

Raus a. d. K.

soll. Die alten schweren Fragen. Restaurieren und damit das Original schänden? Oder alles wieder liften, aber denn isset doch keen Rutenbeck mehr oder wie? Unsere Sammler – das war klar – hatten große Probleme gekauft vom Rutenbeck, das trieb sie regelrecht an die Bouteille, und der Rutenbeck hielt sich natürlich bedeckt. Sie ham ihn wohl mal gefragt, was sie machen sollen, er wüßtes auch nicht, soll er gesagt haben. Die alte Künstlerfinte. Und die nach oben offene Badewannenskala, denn wenn Ralle jetzt entschieden hätte, es geht um das Funktionieren und nicht um den Originalitätsfetisch, und hätte die drei Meter Hosengummi neu aufgezogen auf die schlappen Rutenbecks, dann wäre der Rutenbeck vielleicht doch fuchtich geworden, und die ganze schöne Sammelwertanlage ist im Arsch. Ich hab dann gemeint, der muß das doch ordentlich verarbeiten, der Rutenbeck, und wenn nicht, dann weiß der doch schon von der Unterhose her, wie das geht mit Hosengummi im Laufe der Jahre, ich tippe also, das soll so sein, die schlappen Seile als Vanitas-Metapher und dergleichen besoffene Kunstgeschichten mehr, und das hat sie dann getröstet, daß ich das so praktisch als Kenner und Künstler gesehen habe. Von mir hatten sie übrigens soweit alles komplett an Druckwerk, ich habs überprüft, also scheinbar gute, gründliche Sammler! Wir haben uns den Abend richtig tief ins künstlerische

Deutsche Hybriden

Elend reingesoffen, und dann habe ich mit Baacke zum Schluß noch die Sammlerin vom Fußboden aufgehoben, weil Hilde lag plötzlich aufm Fußboden, hatte sich etwas verschluckt und war umgekippt, wir aber auch, und das haben wir erst gar nicht bemerkt, daß Hilde schon derart steif war, weil wir auch schon derart stramm gewesen sind, und da haben wir sie umständlich aufs Sofa gehieft. Wir sind mit ihr noch paarmal umgekippt, und dann hatten wir sie soweit korrekt gelagert und konnten in Ruhe kotzen gehen. Sie hatten auch kein schlechtes Sofa übrigens. Dann sind wir besoffen in die Schlafsäcke gekrochen, trotz Flug war ich wieder auf dem Schlafsackniveau gelandet, und dann habe ich noch nachgedacht über Wurstwasser und Hosengummi (Abb. 9). Howu. Früh waren wir allesamt völlig im Arsch und hockten triefäugig um den Tisch rum. Man mußte Kaffee trinken, und ich hatte ein Bein verloren. Alles war zum Kotzen. Die Rutenbecks lagen zwischen vollen Aschenbechern schlaff in der Gegend rum und waren wieder etwas vergilbter und wieder etwas schlaffer geworden. Ich insbesondere schwermütig. Mit meiner Kornfahne hätten sie mich bei der Luftwaffe wirkungsvoll im Nahkampf einsetzen können. Ich war in meine angeritzte Hose gestiegen, aber das Bein ist nicht seinen rechten Weg durch den Beinschlauch gegangen, sondern durchs angeritzte. »Ratsch!« Hing knieabwärts ein häßlicher

Riedelsche Mutung

Hosenschlauch. Ich hab den Restmist ganz abgerissen, und es sah jetzt wie Beachshorts aus, aber einseitig. Na schön, ich bin halbtot und einbeinig hinterher ins Auto, und sie wollten schon wieder alle zur Möbelmesse. Na Scheiße! **Von der Böcke Schar ich scheide!** Als wir weiter in Köln drin waren, hab ich drauf bestanden, daß sie mich sofort mal aussteigen lassen. Wie ich aussah! Das abbe Hosenbein, das verquollene Gemüt und überall Lehmballen am Schuhwerk, wo sich außerdem noch die Schuhspitzen in einem unglaublichen Bogen nach oben bogen. Wie waren jetzt die Lehmballen zu erklären? Ich wußte es nicht. Vielleich waren wir im Suff noch durch irgendwelche Rübenfelder frohlockt. Also zum Glück, ich war erstmal aus diesem Auto von der Böcke Schar geschieden, habe Frischluft gesaugt und stand in meinen Schnabelschuhen so daneben in der Kölner Stadtlandschaft rum mit meinem komischen Schlappbein und den Dreckbotten. Besorg dir erstmal neue Hosen, dachte ich. Da war auch so eine Kellerdisco, wo aber Hosen verkauft wurden, laute Musik, flotte Mannschaft, resches Damenteam. Da mußte ich so schnell wie möglich wieder raus! Die erste Hose war soweit mittelmäßig, hat aber gepaßt und war wenigstens teuer. Sie müssen mir meine Notlage angemerkt haben, ich habe die Scheine hingezittert und ihnen die alte Hose geschenkt, das ist eine Hose von Kapielski, habe ich erklärt, die

Riedelsche Mutung (morgen)

wird mal viel wert sein, eines Tages, schon weil solche Schlitze in Mode kommen werden. Sie hams nicht glauben wollen. Fehler (Abb. 13)! Mir war sowieso schwindlig (Abb. 103). Das ist auch so eine Schreckensvision, daß man eines Tages seine Anziehsachen nur bei lauter Jugendmusik wird einkaufen können. Aber wir werden nach der Schlitzgeneration – und es wurden sogar Stirne geschlitzt! – hoffentlich mal eine ruheliebende Generation noch erleben, die ihren Eltern mit ihrer blöden Platten- und SPEX-Heftsammlung die Ohren ausstechen. Ein Bilder- und Geräuschsturm von nie dagewesenem Furor! Eine puristische, stille, soldatische, überlegte, stoische, zynische, sparsame, bescheidene, zuvorkommende Generation, die das Alter ehrt und mir im Omnibus ein Plätzchen frei macht und tapfer die Zeichen bekämpft, mich hingegen lieb hat. Es wird anders kommen. Das Hosenproblem war aber gelöst. Es gab nun noch das Schuhproblem als Nebenproblem und die schlechte Befindlichkeit als eigentliches Hauptproblem. Das eigentliche Hauptproblem wurde durch ein Alka-Seltzer entschärft, das mir die nette Apothekerin gleich hatte aufsprudeln müssen. Wenn man was hat, soll man nie zum Arzt, immer erstmal in die Apotheke. Sie haben viel mehr Ahnung, sind nicht so isoliert wie die einzelnen Ärzte, man braucht nicht in Wartezimmern zu hocken, und sie machen gleich was, sie geben einem

WG-Toastung

gleich was. Manchmal trommeln sie extra sämtliche Mitarbeiter zusammen, um zu überlegen, wie einem zu helfen ist. Das allein hilft schon. Vor allem entfällt die elende Warterei (Abb. 15), wo man stundenlang über Krebs nachdenkt (Abb. 65). Ich bin dann mit meiner neuen Hose so eine Straße runter gewackelt, die auf die König-Bücherei hingeht, das sah jetzt schon ganz gut aus, nur noch die Lehmballen, und was passiert? Ich komme an einem Cowboystiefelgeschäft vorbei, und da sitzt ein Schuhputzer im Schaufenster! Das Leben bietet dir alles, dachte ich. Es war ein Werbeknüller, sie haben einen Türken gemietet, einen alten Mann und seinen Schuhputzkasten, wo er all seine Tuben und Bürsten drin hatte und wo man seinen Schuh draufsetzt, und er fängt dann da unten zu rubbeln an. Na, das ist ja wunderbar, dachte ich. Sie haben mich derart herzlich begrüßt, daß ichs gar nicht fassen konnte. Alle waren ganz aufgeregt. Ich mußte mich hinsetzen, und dann ging das los. Jetzt dämmerte mir langsam, daß was faul war. Es sollte nämlich auch noch umsonst sein! Draußen auf der Straße bildete sich langsam eine stattliche Menschentraube, wegen mir, ich saß ja im Schaufenster! Es hatte sich nämlich bislang keiner getraut, sich da in das Schaufenster reinzusetzen und sich die Schuhe öffentlich putzen zu lassen, da war bislang keiner so blöd gewesen. Und ich war jetzt der Blöde, weil ich ja aus verständlichen Gründen

Kondeszendenz

noch keine genauen Lageeinschätzungen zustande brachte. Also der fing jetzt an zu putzen, und weil er nun mal endlich einen Blöden hatte, da hat er sich das alles schön eingeteilt, und es wurde sehr gründlich. Draußen vorm Fenster versammelte sich derweil immer mehr und allerhand komisches Volk und betrachtete insbesondere mich, den Herrenmenschen, der sich von einem alten türkischen Neger die Schuhe putzen ließ. Mir wurde immer schlechter. Ich hab angefangen zu schwitzen wie ein Pferd! Mein Restalkohol schwitzte auf einmal aus mir raus, besonders am Kopf, und die Sprudeltablette wirkte insofern, als daß mir einerseits besser wurde, mir war aber auch andererseits alles plötzlich nicht mehr so egal! Plötzlich war mir das peinlich, draußen diese feixenden Menschen, die mir beim Schwitzen zukuckten, und unten schruppte der Türke, ein Türke! Ein alter Mann, der hätte mein Opa sein können! Vielleicht wars sogar ein Neger, mein Gott! Der schrubbte immer noch am ersten Schuh rum, und die Leute draußen müssen doch gedacht haben, was schwitzt der so, dem geht doch einer ab, das ist ein perverser passiver Schuhfetischist mit Herrenmenschengefühl. Es war grausam, und der alte türkische Negersklave war noch nicht mal mit einem Schuh fertig. Weiß Gott, er tat das gründlich! Er hatte sogar solche Schutzpapiere zwischen Schuh und Strumpf geschoben, damit die Strümpfe

Stabat vacca dolorosa

nicht dreckig werden, und zum Ende hin wurden die Poliertücher immer feiner, meine Schuhe fingen an zu glänzen, links und rechts tropfte mein Wurstwasser auf die Erde und bildete Pfützen (Wuwap). Ich hab versucht, ihn zu beschleunigen, indem ich ihn gelobt habe, das war aber ganz verkehrt. Das hat ihn nur noch gründlicher gemacht, er war geehrt. Es wurde mir nichts erspart. Als es endlich fertig war, haben sie draußen geklatscht! Ich glaube, ich habe in meinem ganzen Leben nur noch einmal so geschwitzt, und das war aber keine Flugreise, sondern eine Zugreise. Das war im Sommer. **Hitzefrei.** Die Bekloppten und westdeutschen Schwaben haben sich draußen hingesetzt, vor die Kneipen in die Sonne, und haben ihre komischen schwäbischen Gespräche geführt: »Jaa, mir daheim, mir ham den schönen Brauch und male unsere Atombömble zu St. Martin GRÜN an! Wie machts *ihr* daheim?« – »Jaaa, zuhaus da tun mir sie BLAU anmale und mir gebe ihnen NAMEN.« – »Mir NUMMERN!« Solche sonnenstichigen Unterhaltungen sind geführt worden. Diese diminutive Weltsicht der Mainzelmännchen ist auch was zum Kotzen, und jetzt ständig ›Trabi‹ und ›Stasi‹ und ›Atombombi‹ und Otto Schily und Gregor Gysi und ›Nazi‹ sowieso. Und Kapielski (Abb. 140)! In der bräsigen ›Berliner Abendschau‹ ist ständig die Rede von »unsern Vierbeinern, Drahteseln, Langfingern, Schmierfinken und die Schul-

Endlich Ruhe? Asbach! (vgl. ›Wiens Laden‹-Katalog 92)

bank drücken« und ähnlich leierkastigem Altberliner Schwachsinn. Da werden doch die Onkels böse! Wir haben drin gesessen, wenn sie alle draußen hocken, sitzen wir drin! Es war schön kühl da drin, ich hab gern in der Kneipe gesessen, sie haben mir da mal einen Koffer geklaut und wieder zurück gebracht, und ich bin gerne da hingegangen, und wenn einer zufällig mitm Hund reinkam, ist über Hunderezepte geredet worden (Abb. 86f.). Wir waren absolut gegen Hunde eingestellt. Wir kannten Jutty noch nicht (Abb. 111). Wir haben für Pflanzen Partei ergriffen (Abb. 56 & 149). Da war auch Mitleid dabei. Und antikapitalistischer Instinkt (Abb. 150). Einmal kam einer rein mit einer Einkaufstasche, wo ausm Spalt vom Reißverschluß eine Porreestange rausgeguckt hat, und einer von uns ist hin zum Porree, hat ihn getätschelt und tüchtig angefacht und hat ihn direkt angesprochen: »Ach, mein Guter, mein Bester, mein Allerfeinster! Ja, laß dich herzen, mein guter Porree, du!« Es war die Hitze. Ich mußte beruflich mit Butzmann nach Hamburg reisen. Eine solche Hitze, daß ich gleich zu ihm sage: »Sag mal, was ist denn nu los? Geht denn so Hitze überhaupt, verdammte Scheiße?« Zu dem Zeitpunkt gabs noch grundsätzlich Zugreisen, nur nach Übersee hatten sie mal einen Flug genehmigt. Wir sind Bahnhof Zoo gestartet. Kommen da an und schwitzen wie die Affen. Beide starke Schwitzer, und zwar da, wos sofort auffällt,

Problemchen I

im Gesicht. Rot aufgedunsene Gesichtsschwitzer und von Hause aus schon diese Rundgesichter, ein alemannisches und ein wendisch-oberschlesisches Rundgesicht. Das heißt aber noch lange nicht, daß wir nur im Gesicht schwitzen. Bei mir sind da noch die Eier und die Arschfalte. Aber da sieht mans nicht so, das ist nicht so auffällig. Und so hocken wir Bahnhof Zoo, schwitzen wie die Pferde im Gesicht und an den Eiern und glotzen auf die Omas mit ihren übermenschlichen Überseekoffern, meist auf Rollen (Abb. 43). Ich schätze, diese Koffer auf Rollen gibts bald auch mit Motor. Sie schlitzen und motorisieren bald alles. Bei Autos motorisieren sie bereits die Rückspiegel und die Aschenbecher. Bei der Bahn werden jetzt die Koffer motorisiert. So haben wir dagesessen und auf den Zug gewartet. Butzmann hat sein Bounty gefressen, ich hab mein Bier gesoffen und: Rumms! Plötzlich schreckt der ganze schreckliche Flüchtlingspulk hoch, und die ganze komplette Fremdenverkehrslegion wackelt links, rechts die Koffer auf die 2. Klasse hin. Genau aus diesem Grund hatten wir beschlossen, diese Fahrt von Anfang an im Speisewagen durchzustehen, aber mit Sitzplatz und gemütlich mit Wernersgrünern und Letscho. Alles schön kommode. Also während sie im ganzen Zug ihre Gefechte um die Fensterplätze ausgetragen haben, wählen wir einen sehr schön gelegenen Tisch für zwei Personen auf der Schattenseite

Informationsgesellschaft

im Speisewagen. Abpfiff, los. Es rumpelt hier und da, und es stehen auch schon zwei Biere mit bei uns auf der Schattenseite, aber plötzlich rutscht die Schattenseite allmählich rüber auf die Tische auf der anderen Seite. Also wir auch rüber auf die andere Seite. Wir sind über die Schienen gedümpelt, und es ging immer hin und her das Schattenspiel. Wir haben fünf Minuten – mal von links, mal von rechts beleuchtet – über Himmelsrichtung und Sonnenlogik nachgedacht, nochmal bewußt die Plätze gewechselt und saßen nach einigen Schienenmanövern mitn mal wieder in der Sonne. Aber endgültig! Alle anderen Plätze waren inzwischen belegt. So hatten wir nun schließlich einen Tisch für vier Personen direkt am Fenster mit viel Sonne erwischt. Es gab auf der anderen Seite Zweiertische und auf unserer nur Vierertische. Unser erster Tisch, ein Zweiertisch lag endgültig im Schatten, zwei Penner saßen da jetzt dran und machten sich weiter keine Gedanken. Das Fenster ging nicht auf. Hatten sie verriegelt. Na, da wird der Herr Ober eben den Vierkant holen und für Luft sorgen, wir haben nach dem Kellner gebrüllt, und er hat gemeint, es tut ihm außerordentlich leid. Es gab irgendwelche fadenscheinigen Gründe, und man konnte die Ostgoten damals noch nicht zusammenscheißen, sie gehörten noch zum Warschauer Pakt. Von da ab wurde es furchtbar. Ich kriegte es mit der Angst zu tun, und während wir

Problemchen II

langsam unsere Halbschuhe vollschwitzen, kommen gnadenlos von uns bestellte zwei Schnitzel an. Das war aber noch nicht alles. Wir fressen schwitzend die fetten Schnitzel, ständig mußt du die Stirn wischen, damit es nicht auf den Teller tropft, da erscheinen plötzlich zwei frisch deodorierte, luftige, halbnackte Weiber und bitten charmant um die uns einkeilenden Sitze am Gang. Sie hatten wohl nicht genau hingeguckt. Oder es gab einfach keine anderen Plätze mehr. Unter normalen Umständen wäre das ja auch ganz prima gewesen, aber sie kommen immer, wenns einem nicht paßt. So ist das. Und jetzt saßen wir da wie zwei klaustrophobische Karotten und schieden Wurstwasser aus. Plötzlich beugt sich Butzmann mit zugekniffenen Augen und schwer wässernd rüber zu seiner frischen Tischdame, und ich denke, ich höre nicht richtig: »Wenn ihr nicht sofort abhaut, schneide ich euch die Titten ab, und zwar mitm Buschmesser.« – »Was?« Sagt die Dame. Sie hatte nicht richtig zugehört. Und ich auch nicht, ich dachte, ich höre wohl nicht richtig. Und er sagt: »Buschmesser.« – »Wie bitte?« – »Is egal.« Ich war ganz irritiert, und ich glaube, ich hatte es auch nicht richtig gehört. Ich kenne ja Butzmann mit seinem Buschmesser, wie er knülle an Discothekenwänden lehnt und immerzu »Buschmesser« blinzelt. Das schon, aber sowas macht er nun doch nicht, sowas am hellichten Tag zu wildfremden Frauen

Erklärungsbedarf

sagen, nee! Wir waren nicht mehr bei Trost, das wars. Wir haben unsere panierten toten Schweineteile aufgefressen und mit letzter Kraft bezahlt. Beim Rausquetschen ist mir ein toter panierter Schweißtropfen bei der einen Dame aufs freie Rückenteil getropft, patsch!, wie ein Taubenschiß. »Huch!« Hat sie gemacht. »Tut mir leid.« Hat mir auch wirklich leid getan, es war mir so peinlich. Mein Leid, euer Leid, es war für alle zuviel auf einmal. Wir ham uns in höchster Eile in den nächsten Wagen geschleppt, ein Fenster runtergerissen und zehn Minuten die Rüben rausgehalten, da konnten soviel Signalmasten kommen, wie wollten. Hamburg wurde erreicht und das Dienstliche erledigt. Es handelte sich um einen öden, aber unsererseits sehr kraftvollen Auftritt in irgendeiner Krampfader-Fabrik. Außerdem wurde am Nachmittag ein von uns mitgeführtes Tonband hinter irgendeinem ›Hamburger Hafen‹ von einem Kerl mit Pferdeschwanz in eine Art Vorlage für eine Schallplatte verwandelt. Der Typ mit dem Pferdeschwanz hatte ein derart spitzes Gesicht, daß er damit eine Dose Büchsenmilch hätte aufpieken können. Er sah aus wie ein Dosenöffner. Oder er sah aus wie ein Rennvogel, falls es sowas gibt, Rennvögel. Er war unzufrieden mit uns. Wir hatten irgendwas falsch gemacht. Ein Zeiger, der unbedingt am Rand hätte stehen müssen, stand meist in der Mitte. Wir haben zwei Stunden lang die Luft angehalten, um zu

Problemchen III

erreichen, daß er mehr am Rand steht. Ein wenig hats bestimmt geholfen, aber wir waren völlig fertig und haben Schwitzhände bekommen. Der Rennvogel hat immerzu gemeckert: »Die Korrelation, die Korrelation!« Und wir haben mit geballten Schwitzfäusten dagesessen und die Luft angehalten. Für unsere Sache! Dadurch haben wir insgesamt noch mehr geschwitzt, und zwar am Kopf, an den Eiern, in der Arschfalte und neuerdings an den Händen. Dazu wurde das Lied ›I wonna hold your Schwitzhänd!‹ gepfiffen. Butzmann hat mit zugekniffenen Augen zum Rennvogel mit Pferdeschwanz rübergeblinzelt: »Wenn du nicht Ruhe gibst, hack ich dir den Schwanz ab, und zwar mitm Buschmesser, du Rennvogel, falls es sowas gibt: Rennvögel.« – »Was?« – »Buschmesser und Rennvögel.« Ich dachte wieder, ich hör nicht richtig. Und ich habe auch wieder nicht richtig gehört. Und wie sollte Butzmann auch wissen, daß ich den Rennvogel innerlich Rennvogel nannte. Beziehungsweise: »Dosenpieker«. Der Rennvogel auch nicht, er sagte à conto dessen denn auch: »Wie bitte?« – Butzmann antwortete: »Korrelation.« – »Ach so.« – »Buschmesser.« Ich darauf hin: »Dosenpieker!« Na, und so haben wir weiter lustig unsere Schwitzflossen gedrückt und uns für unsere künstlerische Karriere den Arsch aufgerissen, und der Rennvogel fand uns merkwürdig. Die Platte wurde ein Mißerfolg. Der Pißvogel muß es verbockt haben.

Haus of Ascher

Oder die Menschen verstehen uns nicht. Wir finden die Platte natürlich nach wie vor hervorragend. Mit der Zeit wird sie sogar immer besser. Ich weiß das, ich hör sie ja täglich! Na ja, das versteht keiner, und der Rennvogel muß was falsch gemacht haben. Und es ist auch weiter nicht schlimm, irgendwann ist der Schirm endgültig zu. Wir hätten bloß gerne mehr Taschengeld und sind auch zu feige, uns ein Ohr abzuschneiden. »Butzmann«, sag ich, »wir sollten uns mal ein Ohr abschneiden! Eins würde auch erstmal genügen, und ich würde dir auch selbstverständlich den Vortritt lassen, würd mir nix ausmachen, mein Freund!« Nachdem alles Dienstliche erledigt war, sind wir runtergelaufen zu besagtem ›Hamburger Hafen‹, und es wurde eine Nahrung genommen, desgleichen Bier und Stumpen. Wir hatten es uns verdient, und es gibt da auch einen famosen Spanier, wo man ein fabelhaftes Kalbskottelet mit Tintenfisch gegrillt bekommt. ›Futter muß nach innen!‹ War die Devise. Für die Rückfahrt nach Berlin hatten wir uns einen Zug um acht Uhr abend ausgesucht, den letzten, der aufm Plan stand. Als wir fünf vor acht angehetzt kamen, war der Bahnsteig leer. Hauptbahnhof, und kalt her bläßt es aus dem Wetterloch. Kein Mensch. Es war auch kein Schild oder sonstwas, das auf einen Zug nach Berlin hingedeutet hätte. Irgendwas war faul. Wir zum Onkel Schaffner: »Was ist los hier?« – »Der Acht-Uhr-Zug fährt nur

Bodelschwinghsche Anstalt

zu Pfingsten, Ostern und Vatertag. Der letzte ist um sechs raus.« – »Buschmesser.« (Abb. 55) Tja, so war das früher mit der Hauptstadt. Ziemlich vernachlässigte Anbindung ans Kernreich. Heute ist es allerdings immer noch so. Was nun? Wir hatten gefressen, was wir konnten, und gesoffen, soviel wir konnten, und wir hatten sämtliche erhältliche Stumpenpackungen alle geraucht. Was soll man da noch machen? Also mußten wir uns nach einem Hotel umsehen. Hinterm Bahnhof liegt ein nach dem heiligen St. Georg benanntes Viertel von pittoreskem Charme, wos allerlei Hotels unserer Preislage gibt. Ums Karree lag ein besonders rosa beleuchtetes Hotel, ich glaube, es hieß auch noch ›Zum Rosenstengel‹ oder so ähnlich, und ich fand, daß wir da mal klingeln. Wir haben noch kurz gezögert, ob wir uns da nicht wieder bloß die Filzmucken holen, kurzes hypochondrisches Zaudern und Zagen. »Ach was, komm, wir klingeln.« In der Tiefe des Raumes klingelte es auch tatsächlich. Ich denke noch, komisch, hier draußen drückt man auf so einen kleinen Knopp und ganz dahinten und da drinnen … da gings aber auch schon los! Sowas hatte ich noch nie erlebt. Solch einen HUSTEN! Ein unglaublicher Husten war da drinnen im Hotel. Ein fünfschrötiger Brüllhusten, ein allerstärkster Raucherhusten näherte sich schleppend der Tür. Ich dachte, is ja noch komischer, man drückt hier den Knopp, es klingelt und

Klumpen Glück

dann… Schritt für Schritt näherte sich der brüllende Raucherhusten. Die Tür ging langsam auf. Nette kleine Stille. Ein uraltes, aschfahles Runzelgesicht guckt raus und sagt: »Namd Jongs!« Das Runzelgesicht hat sich an die Türzarge gelehnt und in einer Hustenpause kurz Luft geschnappt: »Jongs! Wenn ich jetzt nochma husten tu und ihr seht hier son kleinen braunen Rauchring raushusten…« (Er hielt sein Maul offen und machte dort mit dem Zeigefinger einen kleinen Kreis:) »Das is denn mein Arschloch!« Wir waren im Bilde. Der Laden schien in Ordnung zu sein (Abb. 16). Wir haben uns eine halbe Stunde aufs Doppelbett ins Doppelzimmer gelegt und an die Doppeldecke gestarrt (Abb. 101). Oskar Huth zu Ehren. Dann sind wir wieder runter zu diesem John Houston an die Rezeption. »Könn Sie uns nicht mal noch ne schöne Unterhaltung anraten?« Er überlegte. Es kam eine ziemliche Reihe Tips, wovon wir das meiste schon absolviert hatten. Es hatte alles mehr oder weniger mit Fressen, Saufen, Rauchen und Weibern zu tun. Sport und Hafenrundfahrten kamen gar nicht vor. Der Mann war gut. Wir haben überlegt, was uns noch fehlte. Puff war uns zu anstrengend. Kino fanden wir gut. Er nannte ein Pornokino um die Ecke: »Da könnt ihr schön sitzen, einen trinken, dürft rauchen und könnt euch preiswert einen runterholen.« Na prima! Das Kino bestand aus acht Kinos. Der Unterschied zwischen den Kinos,

Klumpen Glück mit Griff

zwischen Kino drei und sieben zum Beispiel, war nicht auszumachen. Die Filmtitel waren alle ähnlich. ›Kichernde Möseln im Öztal‹ oder ›Ein Sackgesicht und die bumsfidelen Tittentaler‹. Ein Titel lautete: ›Wir lecken die Weiber die Wände hoch!‹ Da konnte man sich noch was vorstellen, das war programmatisch deutlicher als ›Rauchender Schweif im Rauchfang in Kufstein‹, und es hatte sogar ein griechisches Versmaß. »Na wir fragen mal.« Ich bin an die Kasse, wo auch wieder so ein uralter Mann und verwitterter Lustgreis drin hockte: »Guten Abend, wir sind hier aus Berlin, er heißt Butzmann, mein Name ist Kapielski, und wir wollten mal fragen, welcher von den acht Filmen ist der härteste Stoff?« Der Greis wußte sofort Antwort: »Na denn geht ma Kino sechs – dascha schon nich mehr feierlich, Mensch! Son Schweinskram!« Prima! »Zwei mal Kino sechs!« Wir kriegten zwei so komische kleine Einkaufskörbchen mit jeweils drei Flaschen Bier und sind damit auf Tür 6 zugeeilt. Der Saal bis auf einen einzigen Kerl völlig leer. Der war eingepennt. Es waren gute Sitze, man durfte rauchen. Bei Pornokinos ist ja das Postmoderne, daß man meistens mitten in den Film reinkommt; man weiß nie, wie das alles angefangen hat, muß sich selbst einen Reim machen. Wobei das nicht weiter wichtig ist, es geht ja sowieso nur ums Rammeln. Das Narrative ist die Stärke des Pornokinos nicht. Es ist sehr seriell

Rodin

gearbeitet, deshalb kommt man auch schnell klar. Die Mühe liegt im Detail. Da gabs eine ›Gräfin Mösée‹. Das war doch schonmal gut. Und einleuchtend und redundant sogar. Irgend ein Butler bockte sie, er hieß Dick Puller! Schnitt. Was nun los? Eine Luxuslimousine gleitet auf eine Autobahnraststätte zu, der Chauffeur rennt rum, reißt die Tür auf, eine Graf-Joster-Type schwankt raus, besoffen, Hosen runter und steht taumelnd da und pißt. Und kotzt gleichzeitig. Schließlich entschließt er sich noch zu einem Dünnschiß. Sie haben offensichtlich auf einer normalen Raststätte gedreht, denn die normal Rastenden sind schwer verblüfft! Sie gucken sich alles genau an. Alles sehr authentisch, Road movie. Zwei attraktive Damen pissen schließlich mit. Aha, wir waren in einem Pißporno gelandet. Alle pullern ständig und saufen, was das Zeug hält, um pissen zu können. Anschließend Orgie. Schnitt (Abb. 9). Aufstehen: Graf Joster betritt das Klo, zieht die Klobürste, gibt einen Streifen Signal mit den roten Streifen drauf und putzt sich ordentlich die Zähne. Und so ging es weiter durch die Annalen. Es war kein schlechter Film; ›Inferno pervers‹ hieß er. »Siehste«, sag ich zu olle Butzmann, »erwägen wir doch endlich noch, was fürn Quatsch es ist zu sagen: So und so sollte der Mensch sein. Die Wirklichkeit zeigt uns einen entzückenden Reichtum der Typen und Sorten, die Üppigkeit eines verschwenderischen Formentyps.« – »Genau!« –

Der Denker

»Hierzu gehört auch der Schwitzer.« Später sagte dann noch John Housten hinter der Rezeption: »Jongs!« zu uns: »Wir Immoralisten haben unser Herz weit gemacht für alles Verstehen, Begreifen und Gutheißen.« Deshalb konnten wir uns mit allem abfinden. Nächsten Morgen sind wir dann weggekommen von Hamburg. Bei Autofahrten war das Motto: ›A hungry man sees far.‹ Das ist von F. Bacon = F. Schinken! Also: **In dubio prosciutto!** Und übrigens immer wieder vom feinsten der Reim von Christiane Seiffert: »Nicht nur daß ich Schinken heiße / ich finde auch meinen Hinken Scheiße!« Nun, es ging mit dem Auto ins Ausland (Abb. 139). Das Fressen fing schon gleich nach Hof an (Abb.13). Da wußte man noch nicht, daß es eine Freßfahrt wird. Mit stiller Übereinkunft sind wir gleich was fressen gefahren, obwohl wir ja schon im Osten eine Kleinigkeit gehabt hatten. Irgend ein ehemaliger DDR-Fraß, eine Soljanka und ein gebratenes Fleischstück mit Setzei obendrauf. Da gab es das ja noch, die Mitropagaststätte mit den ulkigen Preisen und der Salatbar. Nach Hof (Abb. 13) hatten wir gleich den zweiten Imbiss, da sind wir extra runter von der Autobahn, um was Ländliches zu finden, weil irgendeiner unablässig von Schweinebraten, guter bayrischer Saumagenplatte was geredet hatte, und da hätte man sich schon denken können, daß es eine Freßfahrt wird, die Dienstfahrt nach Linz. Weil ja im

Vincenzo Pacetti

Auto auch ständig gefressen wurde. Wenn du mit Butzmann im Auto reist, dann kompensiert er seine Fahrunfähigkeit mit dem Proviantamt. Also er ist eben kein Führerscheintyp, wie viele einfach keine Führerscheintypen sind, und das wissen die ziemlich genau und fahren eben Taxi und sind Beifahrer. Das sind sehr mobile Menschen, aber Taxileute und strikte Beifahrerleute. Burghard Seiler, der Zensormann zum Beispiel, immer unterwegs, aber ohne Führerschein, da findet er eben immer wen, der fährt oder fuchtelt sich ein Taxi ran. Oder läuft mal paar Meter, na und! Und Butzmann auch so einer ohne Führerschein, aber Moment, da wollen wir ihm jetzt nicht unrecht tun! Der hat nämlich einen staatlich anerkannten Fahrstuhlführerschein mit Prüfung, theoretisch und praktisch mit allem Drum und Dran bestanden und weiß Bescheid mit Fahrstuhlangelegenheiten, der kann im steckengebliebenen Fahrstuhl eine ordentliche Entbindung durchführen und weiß sich bei Fahrstuhlentführungen besonnen zu verhalten. Er hat bei dieser Fahrstuhlbude Flohr-Otis draußen in Spandau einen Lehrgang gemacht. Ich bin mal ohne Führerschein mit einem Fabrikfahrstuhl Sonnabendnachmittag steckengeblieben, und das Ding war bis oben voll mit Saufmüll, Bierdosen, blauen Plastiksäcken voll kalter Kippen, kalten Bauern in Knülltempos, Binden und dergleichen mehr. Es hat gestunken wie auf dem Lande! Für mich selbst

Barberinischer Faun

war nur noch ein Stück Platz an der Kurbel, da, wo die Hebel sind, und dann sind wir steckengeblieben, und ich habe mich zum ersten Mal in meinem Leben getraut, diesen roten Knopf zu drücken, war ja auch legal jetzt. Ich hatte mir immer vorgestellt, daß dann bei sämtlichen Feuerwehr- und Polizeistationen der Umgebung die Alarmglocken schellen und Löschzüge hinauseilen, um meine Rettung vorzunehmen. Scheiße! Da hängt oben auf dem Fahrstuhlkasten eine billige Scheißklingel draußen dran, und wenn du das rote Knöpfchen drückst, klingelt die dann auch, aber weiter passiert nichts, es hustet nicht mal, und das ist auch keine besondere Klingel, das ist nichts weiter als so eine aschgraue Korridorklingel. Da hebt nicht mal der Hausmeister den Arsch für. Seitdem drücke ich bei Fahrstuhlfahrten immer mal aus Jux den roten Alarmknopf, die aberwitzigsten Klingeln, Summer und Gongs gehen dann los, es ist zum Piepen. Manchmal sinds auch Pieper! Also um die Fahrstuhlgeschichte zu Ende zu bringen, muß man doch abschließend sagen, daß Butzmann stolz sein kann auf seinen Fahrstuhlführerschein. Unser guter Galerist Petersen hat übrigens auch so einen komischen Führerschein für Traktoren; er war ja mal Landwirt und hat auf der Landbauschule in Schleswig den Treckerführerschein summa cum laude gemacht. Jetzt wieder Butzmann: Im Auto ist er Beifahrermensch. Und ich bin der Führerschein-

Virgo intacta

mensch, und als Beifahrermensch, da übernehmen sie eben das Proviantamt oder sie rauchen für einen mit oder rauchen ›an‹. Man sieht ja auch auf der gegenüberliegenden Autobahnseite immer wieder Autos entgegenkommen, wo die Beifahrer zwei und mehr Zigaretten im Maul haben und rumzündeln, da sind die Beifahrer am Werke und erfüllen ihre Bestimmung. Und Butzmann erfüllt sein Amt mit Würde, er ist weiß Gott einer, der sein Proviantamt ehrenvoll erfüllt. Wir hatten drei Plastiktüten mit fünf verschiedenen Wurstsorten im Wagen! Und die haben wir auch weggefressen. Kuchen war auch da. Kuchen geht mir aber ziemlich am Arsch vorbei. Nachtisch, Kuchen, das Süße mag ein weites Feld umfassen, ein Gegnet, wie Heidegger sagen würde, aber das bräuchts meinetwegen nicht zu geben, oder doch, für andere ist das schon was Wichtiges, also solls das mal ruhig geben, die Süßigkeiten, die Lutscher und das alles. Was wir da jetzt beim externen Imbiß kurz nach Hof (Abb. 13) hatten, kann ich mich nicht mehr erinnern. Im Gegensatz zum oberösterreichischen Essen später muß es was Unbedeutendes gewesen sein, sonst wüßte ich noch, was es war. Aber es war schon kalter Schweinebraten gewesen, fränkischer Wurstteller oder sowas. Vielleicht ein **Blauzipfel**?! – Nee, Blauzipfel nich, das wüßte ich. Jedenfalls hatten wir von vornherein eine zweitägige Hinreise vorveranschlagt. Und eine

Gestaltwerdung mit Ehrenwimpel

zweitägige Hinreise kann man nicht vergleichen mit zwei eintägigen, das rechnet sich nicht auf. Eine zweitägige enthält wesentlich mehr Mahlzeiten als zwei eintägige. Ich meine jetzt Mahlzeiten pro Hinreise und in unserem Falle jetzt eine zweitägige. Da steckte also schon Absicht dahinter, da war schon unbewußt oder spekulativ der Gedanke drin gewesen an die gute bayrische Pensionswirtschaft mit den guten Kartoffelklößen und der guten Schweinsbratensoße. Und wenn ich unbewußt sage, dann sage ich: Das Unbewußte ist äußerst leistungsstark (Abb. 91 & 75 & 142)! Und die Mahlzeiten waren à conto dessen auch ganz hochgereiztes Thema während der Fahrt, genau wie eine wohlwollende Kritik am Ostfraß, das alte Thema vom diätischen Aspekt im byzantinischen Christentum, also guter Fraß im Süden und der schlechte im protestantischen Norden und daß Hugo Ball dann komischerweise doch am liebsten Pellkartoffeln mit Leinöl gefressen hat, was die evangelische Volksspeisung schlechthin ist und sogar die Weber einmal in den Aufstand getrieben hat. Dazwischen wurde das ermüdende Gespräch mit Rezepten wieder angefacht. Während so einer Autoreise muß man immer so brüllen, die Vorderleute haben die Ohren nach vorn gerichtet, da glotzt man dann schnell stier nur noch nach vorne und horcht vorwärts wartend ins Land. Ein gutes Rezept frischt auf. Und so hat auch

Der Bohr läuft im Körner

immer einer wenigstens Hunger gehabt und Impuls auf einen erneuten Imbiß gegeben. Im Zweifelsfalle Frieder Butzmann; was jetzt aber auch wieder ungerecht ist, weil er mir vor der Fahrt eingeschärft hatte, daß ich ein wenig Obacht auf seinen Verzehr gebe; was an sich idiotisch ist, weil ich mindestens genausoviel fresse wie er. Von ein paar Schokoriegeln mal abgesehen, und die Ausnahme bestätigt bekanntlich den Riegel. Der Spruch hat mir allerdings nie eingeleuchtet, daß die Ausnahme die Regel bestätigen soll; bestätigt sie doch eher. Das ist so ein Spruch, der nur stimmt, weil man ihn so zauberformal vorzaubert, wenn eben gar nichts Regelmäßiges passiert. Man liebts aber regelmäßig. Da wäre ja dann bei mir zum Beispiel das Bier die Ausnahme und kein Bier die Bestätigung, womit die Ausnahme die Regel außerordentlich belebt, aber nicht bestätigt. Und ich souverän bin, weil ich über den Ausnahmezustand entscheide (Abb. 75). Oder the Ausnahme is the Ausnahme! Daß nun bei Butzmann die Ausnahme den Riegel betätigt, ist so gesagt aber wieder korrekt, weil er sich im Falle des Nachhungers schon mal einen Riegel vorschiebt. Als Ausnahme. Und diese spezielle Butzmannsche Nährstoffzufuhr wird bei mir allemal durch zuweilen groteske Mengen Frischbier wett gemacht, die ich bei allen möglichen Anlässen und Ausnahmen in mich einfülle. Die Broteinheiten bleiben somit ausgeglichen, wenn das überhaupt

Per Mondgeschoß

zulässig ist, Bier mit Riegeln aufwiegen. Über ein Brotäquivalent. Es ist so, die Butzmannschen Riegelquanten schlagen bei mir in Bierqualitäten um, und deshalb hatte ich wiederum Freund Butzmann herzlich und leberlich gebeten, im Gegenzug der beiderseitigen Kontrolle und Abschreckung meinen Privatdurst gutmeinend zu beobachten. Der Witz ist, daß wir uns dann aufgrund der qualitativen Unterschiede von Riegel und Bier hochwohlwollend in Schach halten. Weil Butzmann mäßig Bier säuft, und da ist er in Folge dessen gönnerhaft, wenn es um Genehmigung von Scheidebechern meinerseits geht, und da ich im Jahr vielleicht zwei Riegel fresse, zeige ich mich großzügig, wenn es darum geht, die mir statistisch zustehenden weiteren 423 Jahresriegel anderweitig zu verteilen. Selbstverständlich nimmt Butzmann, nachdem wir unsere musikalischen Dienstpflichten erledigt haben, auf der back-stage-Ebene dann auch schon mal einen und beißt bei den flüssigen Sachen mehr ab als sonst. Ich ja sowieso. Das heizt regelmäßig den lächerlichen Elan unserer fleischlichen Begierden an. Noch mehr Saufgaben erfüllen, Fressen, Riegel, die Röcke werden kürzer, die Seidenstrümpfe funkeln im Hallo-Gen-Licht. Das wird aber immer nichts, weil man uns den Ausnahmezustand schon von weitem ansieht, wie da wupp! die Ellenbogen von den Bartischkanten wegrutschen, und dann das Eiern in Sprache und

Raum-Zeit-Diskontinua

Bewegung. Da gehts kurz runter und dann wieder rauf und dann ist man soweit, eine hysterische Laune kommt auf, alles wird wieder hell und klar, Taxis werden bestellt, zur Tankstelle, zum Hauptbahnhof, Riegel kaufen, Bier kaufen, Hanuta, Weingummis, meinetwegen Weinessig. Butzmann braucht dann auch Tabak. Ich aber auch, ich gröle dann in Gaststätten gewöhnlich nach Zigarren zu 1,50, die mir schlecht bekommen. Muß aber sein. Gut, also Dienstfahrt von Berlin nach Linz/Oberösterreich mit: Butzmann, Kapielski und Helmut Höge und Sabine Vogel – *lustig Geferde macht kurtze Meilen* –, Höge und Vogel seinerzeit beide noch Mitarbeiter der TAZ, Höge ›frei‹ und Vogel sogar Frau Redakteur; eine verhängnisvolle Bekanntschaft sollte ihre Karriere dort später jäh beenden. Es war die Bekanntschaft mit mir. Aber dazu später. Chauffeur war Höge, der ansonsten ein mäßiger Esser ist, einer, bei dem man ein bißchen aufpassen muß, daß er auch ordentlich ißt, der nun aber während der Freßfahrt derart affiziert wurde durch Butzmann und meine Hungerdelire, daß er auf einmal auch immerzu Hunger hatte und anfing, in einer Art zu fressen, wie ich es nicht für möglich gehalten hätte. Der hat manchmal noch mit vollem Mund kauend und fressend dem Kellner gierig auf Nachschlag hinterhergebrüllt; die seltenen Augenblicke übrigens, wo wir wiederum überhaupt registriert haben, daß

R.-Z.-D. II

noch andere am Tisch saßen, so vertieft waren wir allesamt ins Fressen. Sowas habe ich noch nicht erlebt, wie wir uns dann da erschrocken angeglotzt haben, und das Fett triefte schwitzend aus den verfressenen Mundwinkeln. Wir saßen zu Tisch, freundlich, wie wir nun mal sind, waren immer gesellig am Plaudern, am Zuhören und Ausredenlassen, justamente bis zum Eintreffen der vollen Teller. Schlagartig war dann Autismus mit Löffel, überhaupt Fressen nur mit Löffel, wie mit der Schaufel, Messer höchstens noch zum Schieben, alle tief über die Teller gebeugt, fast schon im Teller, das Maul am Tellerrand, ganz breit und dann Reinschieben und Runterschlucken. Wie bei Tesser & Talle. So geht ein Essen natürlich schnell vorbei, und der absurde und häßliche Zustand hat nie lange gewährt. Also am Lenkrad Herr Höge, daneben Butzmann als Beifahrer und Proviantmeister. Seine Fähigkeit, Karten zu lesen, läuft darauf hinaus, daß man ständig in irgendwelchen Sackgassen vor Gasthäusern steht und so tut, als würde einen das Studium der Speisekarte zurück auf den rechten Weg bringen. Aber wir hatten ja Zeit, wegen der zweitägig veranschlagten Hinreise, und ich saß hinter Butzmann im Fond und hab ihm Rezepte ins Ohr gedröhnt, habe seinen Hunger angefacht, insofern war es erklärlich. Neben mir im Fond saß Sabine Vogel, inzwischen auch schon den Hunger im Blick und den Höge und seine

Möbels I

Fahrtüchtigkeit. Denn er hat die Angewohnheit, erstmal während der Fahrt seine dünnen Zigaretten ständig zu drehen, freihändig auf der Autobahn, und dann raucht er nach jeder zehnten dünnen so komische dicke, die stinken und qualmen und bewirken irgend etwas in ihm, daß er auf einmal das Tempo auf 40 drosselt, egal ob Autobahn oder Sackgasse, er reduziert auf 40 Stundenkilometer. Dann nörgelt ihn Vogel so lange von hinten an, bis sie vorn am Steuer sitzt. Butzmann und ich haben das immer aus Feigheit passiv unterstützt, sehr passiv, weil Kritik am Fahrstil kränkt ungemein, wir haben aber tatsächlich auch Schiß bekommen, und nachm Fahrerwechsel gings immer auch flott weiter, ein Gefühl der Entspannung tat sich breit machen. Butzmann hat sich immer erleichtert ein Bounty gepellt, und ich hatte auf den Schreck immer Grund auf ein Bier, und Höge hat auf den Schreck dann meist gleich nochmal eine dicke selbstgedrehte inhaliert, bis er blau angelaufen ist, was zu seinem Pullover gepaßt hat, nach der Goetheschen Farbenlehre, die ja leider falsch ist, was aber gar nichts schadet, weil die Farbenlehre dadurch das einzige von Goethe ist, was man gern liest, weils gut ist für einen wie Goethe, ein Irrtum hin und wieder ist gut für einen wie Goethe. Finde ich jedenfalls. Und so fuhren wir immer lustig auf den nächsten Eßtisch zu. Im manilagrünen Audi 80. Ein Försterauto, das man nicht unterschätzen darf. Es sieht zwar

Möbels II

scheiße aus, aber man wird vom Zoll und von sonstigen Mehlmützen zumindestens im deutschsprachigen Raum, also auch in der Schweiz, in Österreich und in Namibia (Lüderitzbucht) wohlwollend und schonend behandelt. Wobei ›Schweiz‹ ist Quatsch, das ist die Ausnahme, dieses Bergvolk hat natürlich eine tückische Grenzsicherung, klar. Zum Schluß sah die manilagrüne Sitzgruppe von Höge und Vogel schon nicht mehr so frisch aus, außen Rostfäulnis, innen diese tausend verdreckten Fotokopien und jede Menge kalte Förster, aber es wirkte noch, und das lag an der Farbe. Das ist so eine deutsche Wald- und Försterfarbe mit breitem Reihenhauskonsens, ein schwäbischer Geschmacksfundamentalismus, das hat so eine Kraft, daß die Firma Audi heute noch Probleme damit hat, ihre Autos aus der Förstergarage rauszukriegen, aus dem Förster- und Rauhaardackelumfeld, und es ist schwer, weil sie wollen ihre Autos lieber als keckes Sportzeugs unter die Leute bringen, sowas Jugendliches wollen sie uns bieten, und die Leute rollen mit den Augen, Mensch, Audi, das ist doch wie Lodenfrey, wobei der Lodenfrey seine Lodenjoppen aber inzwischen auch versportlichen will, der hängt aber noch tiefer drin in den Loden als Audi, da kann Audi direkt noch froh sein, daß es nicht so tief in den Loden steckt wie Lodenfrey (Abb. 110). Am ersten Reisetag sind wir bis in den Bayrischen Wald vorgedrungen

Gleiche Krankheiten

und sind da noch etwas konfus auf der Suche nach einer bestimmten Hausbrauerei durch den Wald hin und her. Ich hatte mir mal einen Bierführer durch Deutschland angeschafft. Als wir sie dann endlich hatten, die Hausbrauerei, die ich mir ausgesucht hatte, da war dort geschlossene Gesellschaft, lustige Bauernhochzeit, wo sie alle mit dem Daimler-Benz vorfahren und aussehen wie von der Southfork-Ranch. Da hatten wir dann auch keine Lust, uns mit reinzuquetschen, weil wir neben dem Bauernvolk auch wie die letzten Penner aussahen. Als Berliner sieht man sowieso überall wie ein Penner aus, da fehlt der Knopf, da sind die Mottenlöcher, da sind die Bierflecken und die unfreiwilligen Batikstellen aus der Buntwäsche bei sechzig Grad. In Berlin sieht man in der selben Kluft noch manierlich aus, schlicht, aber manierlich. In Düsseldorf oder München verwandelt man sich in denselben Klamotten in einen Penner. Die haben alles so neues Zeug an, müssen wie die Bekloppten Klamotten ständig kaufen, da scheint in den Büros und in den Polizeikasernen auch ein unfaßbarer Modedruck sich kollektiv auszuwirken. Aufm Land aber auch. Männerhalbschuhe, Slipper mit Fransen, furchtbar. Und dieser ganze Markenquatsch, das Markenelend. Das hat mir in Warschau gefallen, daß sie sich da billiges Zeug kaufen und dann aufm Markt noch ein Markenkrokodil dazu, das wird dann aufgebügelt.

Schnorrer kann man immer brauchen

Ist aber eigentlich auch blöd und noch diesseits vom Markenquatsch. Jenseits ist eher die Geschichte von Butzmann über Alexander Hacke, früher Alexander von Borsig, der Gitarre bei den ›Neubauten‹ spielt, auf übrigens der gleichen Gitarrenmarke, die ich ausschließlich verwende, soviel nebenbei, und die haben ja mal bei Zadek in Hamburg in so einem Jugendtheaterstück mitgespielt, und da ist es Usus, beim Theater, daß sie einem da ein Kostüm und noch einen Anzug auf lau maßschneidern. Das ist nunmal so üblich. Jetzt hatte sich der Sänger Bargeld eine Ledermontur machen lassen und die andern einen Tarnanzug meinetwegen oder sonstwelche martialen Konfektionen, den Knüller hat aber der Borsig fabriziert, denn der is immer schon mit Vorliebe in so einem schlabbrigen Jeansanzug von Aldi rumgelatscht, und genau so einen, den hat er sich nochmal vom Theaterschneider nachschneidern lassen. Das ist doch eine tüchtige Wendung! Wenn das stimmt. Das ist verrückter als die Polengeschichte, obwohl die Polengeschichte als Konsumfinte eigentlich auch nicht zu verachten ist. Sie wollen nunmal Lacoste, da sollen sie eben Lacoste haben, ob sie da nun klarkommen mit der Lacosten-Nutzen-Rechnung am Ende oder nicht. Bei uns auf dem Lande ist das ja viel schlimmer, da ist das tatsächlich Lacoste, was ja nichts weiter als ein im Billiglohnland akkordisch runtergenähter Leinenfummel mit Marken-

Der Elch zu Branitz I

zeichen und gepfefferten Preisen ist. Da gings ganz schnieke her auf der Bauernhochzeit, da sah auch unser Försterauto auf einmal gar nicht mehr so gesund aus. Da laufen die rum auf ihren Hochzeiten wie auf Galaabenden im ZDF. Und da fressen sie, bewahre! auch keinen Schweinebraten und was sie sonst noch Gutes haben, nein, da muß es die Kalte Platte sein, der alberne Schweinsfraß am Pieker, oder dieses blöde Fondue, wo du dich hungrig frißt an diesen lächerlichen Fleischfummeln. Andererseits ist es verständlich, weil die Bauern die Woche und das Jahr über ständig Schweinebraten fressen, und wenn sie dann die Zierkirschen am Pieker sehen, dann kriegen sie vor lauter Vitaminmangel die Gier nach den Zierkirschen und nach den Ananasstückchen am Pieker, da biegen sich die DNS-Wendeln hin zum Fruchtstückchen, sei es noch so winzig, aus Vitamingier. Wir hingegen waren getrieben nach Fleisch, Fett und Kohlehydraten. Und so war der Weg alles und das Ziel auch. Wie kann man behaupten, der Weg sei alles und das Ziel nichts? Dieser trostmilde Zen-hoch-2-Satz ist im Abendlande sehr beliebt. Was komisch ist. Denn wenn man ihn auf die Bundesbahn im allgemeinen und eine Sieben-Stunden-Zugfahrt von Berlin nach Kassel im besonderen oder meinetwegen solch eine pflanzliche Existenz in Kneipen im speziellen anwendet, dann lackiert man doch nur eine endlose, ewige

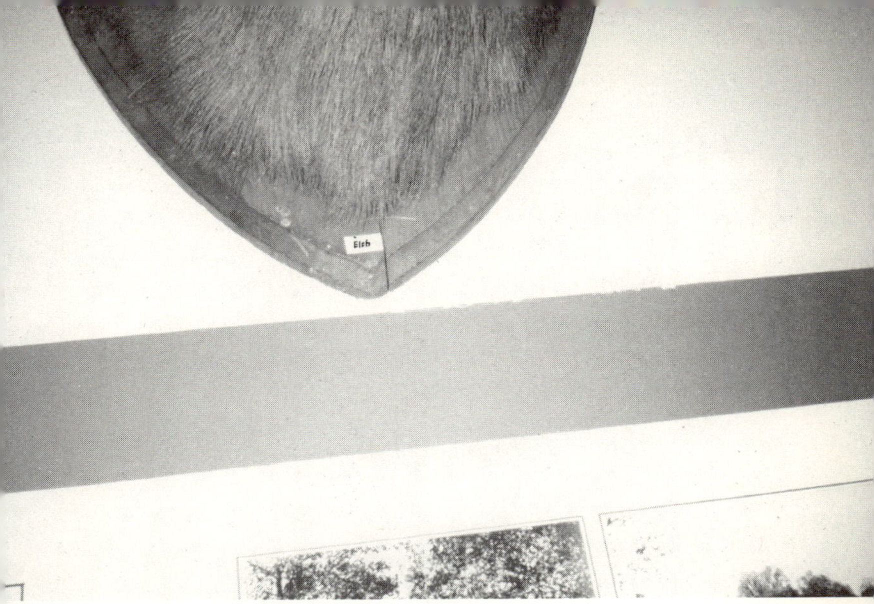

Der Elch zu Branitz II

Verzweiflung, wartet, bis der Lack trocken ist, zielorientiert. Warten geht ja, aber zielorientiert ist schrecklich. Einfach so warten ist ganz schön, plötzlich passiert dann auch was Überraschendes, aus der Ruhe, die die Räume weit hält, kommt dann überraschende Bewegung. Um mal ganz schön schön zu formulieren. Was habe ich für anmutige Pflanzen in Kneipen eingehen sehen! Duldende, stille Tode waren das. Beim Türken der Gummibaum (Abb. 135). Wir sind dort immer nach der Vereinssitzung vom Bismarck-Media-Verein, da hat Höge bei Nautilus in ›Babelsberg‹ drüber berichtet, gutes Buch, da sind wir nach der Sitzung immer ein Flecksüppchen fressen gewesen, wöchentlich, und ich hatte dort den Blick auf so eine Zwiebelturmdurchreiche mit Gummibaum. Jede Woche ein Blatt weniger. Zum Schluß war nur noch der Stengel übrig. Der Türke hat den armen Stengel noch vier Wochen stehen lassen, aus mir unbekannten, vielleicht eschatologischen Gründen türkischer Art, was weiß ich. Und wir haben das mitangesehen und traurig unsere Böreks und unsere Flecksuppen gefressen. Als west-fernöstlicher Wechselwert kommt mir die deutsche Partnerschaftsregel ›Lieber ein Ende mit Schrecken als Schrecken ohne Ende‹ weiser vor. Aber diesmal war der Weg alles, was eßbar ist, und das Ziel war der Hunger. Wir sind also unterwegs am ersten Reiseabend an dieser fröh-

Was war noch 1918?

lichen Bauernhochzeit vorbeichauffiert und haben uns einen schlichten Dorfgasthof ausgesucht, haben dann auch tatsächlich unseren Schweinebraten und gute Klöße gehabt zu 7,50 DM, haben uns bescheiden beschwipst und erfrischt, haben uns anschließend auf die Zimmer begeben, sie vorher mit dicken Schlüsseln aufgeschlossen, an denen mit dicken Paketschnüren dicke ausgekochte Röhrenknochen mit dicker eingebrannter Nummer dranhingen, und haben noch bissl bei Helmut an den dicken Selbstgedrehten mitgezogen, und da ist dann noch eine kleine Jugendherbergsstimmung aufgekommen, insbesondere als wir uns mit Vogels komischer Euterpflegecreme in der zwei-Liter-Tube (Abb. 123) einschmieren durften. Alles ganz prima! Und dann sind wir schlafen gegangen. Nein, ich habe vorher noch den Papierkorb fotografiert, man kann es nicht oft genug erzählen, so eine tautologische Papierkorbkonstruktion, wo ein baugleicher Papierkorb in einem anderen Papierkorb drinsteckt, mit der Begründung von Frau Neumann, der Wirtin, das sei besonders praktisch und sauber, weil man den Papierkorb oben immer nur auskippen bräuchte und der unten bliebe immer sauber und dergleichen analerotischer Dorfwahnsinn mehr (Abb. 124). Zum Frühstück gabs kalten Schweinsbraten auf Semmeln mit dick Butter drauf und leichtem Mostrichbestrich drüber. Dazu guten Bohnenkaffee. Danach sind wir

2 livers and 3 eggs!

nach Passau. Stadt des Schreckens. Der Nibelungendunst in der Felsenenge und dazwischen die katholischen Ausflugsdampfer und das katholische Stundengeläut. Wir sind dann so gefahren, an den Brücken vorbei, daß uns eine Fähre über die Donau nach Österreich gebracht hat und wir aber noch rechtzeitig zum Mittagessen drüben waren, weil wir uns vorher schon gegenseitig verrückt gemacht hatten mit hohen Erwartungen an die dortige Küche. Sobald wir das Manilagrüne auf die Fähre getan hatten und die Leinen von Deutschland los waren, kam ein geschäftstüchtiger Österreicher daher und verkaufte uns ein D-Schild, solch einen Deutschlandkleber zu einem etwas günstigeren Preis, als uns die Strafe für ohne D-Schildfahren in Österreich gekostet hätte. Alle Achtung! Fremde Länder, fremde Sittenstrolche (Abb. 138 f.)! So ist gut unter den Völkern; ein bißchen Krieg in diesen schalen Frieden bringen, ohne gleich totzuschlagen. Es ist überhaupt ein Wunder, daß es noch Menschen gibt, wo es doch soviel leichter ist, jemanden tot zu machen als lebendig. Die Kranken sterben nicht aus! Am zweiten Gesetz der Thermodynamik kann auch was nicht stimmen. Zum Beispiel ist es sehr viel einfacher, etwas naß zu machen als trocken; das Wäschewaschproblem. Das bedacht, ist aber doch alles ziemlich trocken um mich herum, und das kann ich mir nicht vorstellen, daß das Problem durch

Tierschutz

die sogenannten Wäschetrockner gelöst und umgedreht worden ist. Auch nach Kurzhaarmoden hat die komplette Frauenschaft über Nacht wieder Haare bis zum Arsch, wenn das angesagt ist. Wie geht sowas? Als Höge jetzt auf der Fähre das Wort Strafe hörte, starrte er entgeistert aufs Zollhaus drüben auf der oberösterreichischen Donauseite und fing an, seine komischen Dinger im Auto hinter die Türverkleidung und in die Kopflehnen zu stopfen. Wär aber nicht nötig gewesen, wir sind wie die Verhungernden manilagrün an den Zolleinnehmern vorbei ins Land eingefallen, die Vogel hat noch praktisch gedacht und das D-Abziehbildchen auf einen Rostfleck geklebt, und dann sind wir was essen gefahren und sind auch rechtzeitig zum Abendessen in Linz angekommen. Jetzt fing das Dienstliche an. Bevor es ins Linz donnert, hat es in Berlin geklingelt. Wie das so geht. Sie suchen Leute, hervorragende Musiker und Unterhaltungskünstler und kriegen von irgendwem deine Nummer und dann rufen sie an: »Hallo, hier Osterwold, ›ars electronica‹, in Linz, ›Audio Art Symposion‹, gewünscht wird ein Duokonzert Butzmann/Kapielski und jeweils ein Vortrag, gezahlt wird vorbildlich.« – »Geht in Ordnung.« Aber in Gottes Namen, was fürn Vortrag? Butzmann wußte gleich schon einen zur Filmmusik, der macht das immer mal in Düsseldorf für Werbefritzen und kann das; nun fing er aber

Passion aussterbender Völker

auch an, fürchterlich zu unken und zu schwitzen: Vorträge sind ganz **big schlimm**! Das ist sowas wie Abiturprüfung unter Kriegsrecht. Und nun fing ich an zu überlegen: Was machste nu bloß fürn Vortrag? Die Lösung kam vom Finanzamt. Volle Deckung! Das berüchtigte Finanzamt Berlin-Charlottenburg ›Ost‹, die sind ganz schlimm da, ganz fiese Geldeintreiber; alle, die Bescheid wissen, zucken zusammen. Ich hab mal aus Verzweiflung eine ganze Lesung gegen die instrumentalisiert. Sie hatten mir eine Betriebsprüfung angedroht. Ein paar Tage später hatte ich eine Veranstaltung, da sollte ich im ›Eiszeit‹ einen Diavortrag über dies und das halten, und ich habe dann da beeinflußt von Sheldrake und Psychokinese und 666 mit Hilfe von Kompaß und topografischer Karte, ich wollte genau sein und hab eine ›TK 50‹ benutzt, da habe ich die gesamte Zuhörerschaft, das komplette Publikum auf das Mistamt ausgerichtet, um eine ›Psychovektorielle Drohkinese‹ wirksam werden zu lassen. 120 Personen haben dann von Kreuzberg aus genau ausgerichtet nach Nord-Nord-West mit größtem Furor und nach meinen Angaben zum Finanzamt rübergedroht: »Laßt endlich den Kapielski in Ruhe! Ihr Kissenpuper! Ihr Scheißer, ihr!« Wie die Bekloppten haben wir rübergebrüllt. Ich hab sie gar nicht weiter aufstacheln müssen, sie wußten, worum es geht und sind schier verrückt geworden. Und es hat

Asta ohne

gewirkt! Oder mich vom gröbsten erstmal befreit, sagen wir mal so. Denn mit Sheldrake und seiner Morphogenese ist das nicht so einfach, wenn man sie zu instrumentalisieren wünscht; sowas wirkt lieber von alleine. Um die Wirkkraft zu unterstützen, habe ich das Mistamt sogar fotografiert und als Dias gezeigt. Wo waren wir jetzt stehengeblieben? – Vortrag. Oben auf meinen Steuererklärungen und über diesen Ablaßzahlungsbefehlen, da gibt es eine Berufsbezeichnung, und da stehen bei mir alle nur denkbaren Berufe, weil man für jeden Beruf etwas Spezielles ›absetzen‹ kann. ›Autor‹: Da kann man Bleistifte absetzen. ›Künstler‹: Pinsel! Als ›Musiker‹: Konzertflügel. Und da steht auch noch ›Fotograf‹, und weil Musiker und Fotograf nebeneinander steht, da habe ich gedacht, da denke ich mal gründlich darüber nach, wie man Musik fotografieren könnte. Das ist doch ein interessantes Vortragsthema, als Überschrift schon ein Knüller! ›Fotografische Abbildung musikalischer Vorkommnisse.‹ Da kann keiner sagen, das interessiert nicht, da sagt doch jeder, na, da will ich mal sehen, wie der das anstellt, wie der das hinkriegt. Ich habe zwei Thesen ausgearbeitet. Eine ›Kompressortheorie‹ und eine ›Abszissentheorie‹. Die ›Kompressortheorie‹ geht so: Bei Musikstücken ist das Problem, daß man am Ende den Anfang nicht mehr weiß. Die 5. von Beethoven mal abgesehen. Ein Bild erfaßt man mit einmal. Also habe

Pfiffi mit

ich mal mit Butzmann zusammen experimentiert, wie man so ein langes Stück auf einmal hören kann. Wir hatten uns sowieso mit Stravinskis ›Sacre du printemps‹ beschäftigt und allerlei Blödsinn damit getrieben, also dachte ich, dann beschleunigen wir das mal aufm Tonbandgerät von den durchschnittlichen 20 Minuten, die das dauert, auf erstmal 5. Dabei ensteht beim schneller laufenden Tonband das Problem der Frequenzverschiebung, und zwar nach oben. Dieser Mickymausstimmeneffekt. Da gibts aber inzwischen was dagegen auf dem Digitalmarkt. Mithilfe eines Apparates kann man die Frequenz senken und somit den Kammerton auf Originalversion halten. Die 5-Minuten-Version war schon nicht schlecht. Da war das Stück schon zügig und fast auf den Begriff gebracht. Wir hams noch schneller gemacht. Die 30-Sekunden-Version kam daher wie ein Erdbeben, und die 2-Sekunden-Version des 20minütigen ›Sacres‹ hörte sich nun an wie ein **Schlag**! Und das war eine große Verblüffung. Stravinski baut seine Musik vom Rhythmus her auf. Die Grundbausteine des Rhythmus sind die Stille und der Schlag. Das komprimierte ›Sacre‹ war am Ende und zirkulär oder ›ritornell‹ (wie Deleuze sagen würde) zu einem Schlag geworden, aus dem es selbst molekular besteht und aufgebaut ist! **Bumm**! Auf einen Schlag war das ganze Stück als Schlag zu hören. Ich habe nun kühn gethest: Dieser Schlag ist das Foto vom

Bananensattel 2000

ganzen Stück. Sagen wir mal »gleichsam«. Aus diesem komprimierten Schlag haben wir, wiederum mit allerlei elektronischem Geheimdienst, einen Schlager komponiert, auf filmische Weise eine Kette von Einzelbildern; womit wir wieder so eine Spiraldrehung höher kamen (Abb. 75). Diese komprimierende Technik (Tonband plus Frequenzsenkung zur Kompression eines Musikstückes bis gegen unendlich Null) war also meine beeindruckende ›Kompressortheorie‹. Es war eine Art hörbares Foto eines Musikstückes erstellt worden. Gut, nich!? Die andere Theorie geht so: Mein Leben zuckelt oder wankt und wackelt durch die Zeit (Abb. 14). Eben gerade war ich noch 5 Minuten jünger. Wenn ich in meiner Fotokiste krame, kommt plötzlich ein Schulklassenfoto zum Vorschein (Abb. 9). Ein Fotoapparat hat mit Hilfe eines Loches und einer ›Hundertstel‹ aus meinem Werden ein abzweigendes Sein gemacht: dieses Schulklassenfoto oder sonst eines. Und das ist doch komisch, daß ich da gezwungen bin, 80 Jahre blöd auf dem Foto in dieser Schulklasse zu hocken. Das ragt so als Ewigkeit furchtbar aus meiner Zeitachse raus und zwingt mich auf ewig, in dieser blöden Schulklasse zu hocken (Abb. 74). Das prägt einfach, man soll es nicht überbewerten, aber sowas ist auch nicht zu unterschätzen, daß sie einen da fixieren in dieser Scheißschulsituation auf dem blöden Schulklassenfoto. Es ist

$\beta = {}^{a}\log b$-Trinker

ja auch verhängnisvoll, daß sie auf dem U-Bahnhof Hermannplatz immer »Rudow zurückbleiben!« brüllen, Tag und Nacht alle vier, fünf Minuten. Man merkt es ›Rudow‹ schon an (Abb. 77); das fällt in die Abteilung morphogenetisch paralytische Stadtteilhypnose. Nun habe ich also solche fixierten Stellen in der Musik gesucht und auch gefunden! Stellen, wo aus dem Verlauf etwas vertikal herausfällt und irgendwie stehen bleibt. Zum Beispiel die Stelle zwischen Finale, Ausklang der Coda meinetwegen und dem Applaus des »Publi-was?-likums« (wie Schmiddy sagt), dieses merkwürdige, explosionsartige Gerappel auf einmal, wo immer ein besonders beflissener Trottel der erste sein will, auch nur um zu demonstrieren, daß er das Stück in- und auswendig kennt, und dabei ist das Stück ja noch nicht wirklich vorbei. Bei klassischer Musik ist das ein Thema für sich, wie sie da stundenlang ehrfürchtig stillesitzen müssen und gequält hüsteln und dann mit einmal wie blöde zurückbrüllen und trampeln und patschen. Noch blöder ist allerdings das Jazzklatschen, das lässige, zum Lob für ›gute Solos‹. Auf besonders delikate Weise überschneiden sich ja Applaus und Musik bei Webers Orchesterfassung von ›Aufforderung zum Tanz‹; da hängen an einem vorgeblichen Finale, wo alle wie blöde schon mal losklatschen, noch 10 oder 12 Takte Zärtliches dran, was natürlich völlig untergeht. Diese Takte werden

Dumbing down the door

aber meiner Auffassung nach durch den Applaus gleichsam fotografisch fixiert. Der Applaus ist das Fixierbad für 10 Takte Musik, die aus dem Werden fotografisch ins Sein rüberlaufen! Dieser zarte Finalschwanz ragt abszissenmäßig raus aus der Zeitachse des Musikstücks (Abb. 21: links das Orchester, rechts das Patschpublikum, hängend die 10 verlorenen Schlußtakte & Abb. 105: der Docht als die 10 Takte) und ist mir Beleg für meine ›Abszissentheorie‹; mit einigem Gewürge und Gebiege. Eine andere interessante Stelle ist das merkwürdige ›Opernlachen‹, dieses »Ha!ha!ha!ha!haaa! der Bassa kommt«. Gut ist auch Carl Valentins Start ins Musikleben; er kauft erstmal das Loch einer Gitarre. Mithilfe eines ›Lochs‹ und einer ›Hunderfünfundzwanzigstel‹ schlägt die Kamera dies merkwürdige Loch in die Zeitachse, aus dem sie dann diese Ewigkeit zum Beispiel eines Schulklassenfotos konstruiert. Ewigkeiten scheinen sich um Löcher zu gruppieren. Rom zum Beispiel. Das römische Imperium. Das Wort Rom baut sich um dieses unscheinbare ›o‹-Loch: R-O-M. Also wir hatten schließlich richtig was Ausgearbeitetes mit Aktendeckel und Diavortrag im Kodakkarussel dabei, und dann hatten Höge und Vogel Lust gehabt, mitzukommen nach Linz, was auch praktisch war, weil sie den manilagrünen Audi hatten. Wobei Lust die halbe Wahrheit ist, denn sie hatten, wie ich derzeit auch schon halb,

Ohne Titelunschärfe

diesen ständigen Presseverwertungswahn als TAZ-Arbeiter gehabt und sind praktisch nicht scheißen gegangen, ohne daß es noch für drei Zeilen TAZ-Kultur gut gewesen wäre. Wenn man sich heutzutage entschließt, sein Bier mit Medienarbeit zu verdienen und fürs Fernsehn nicht doof genug ist, dann muß man fürs Radio oder für so eine blöde TAZ rumlatschen und darf quasi kein Erlebnis ohne den Verwertungshintergedanken sich einfach so ereignen lassen. Also wenn dein Alter stirbt, dann ist das schon gar nicht schlecht, weil da ein Krankhausgezeter wiedermal bei abfällt, Apparatemedizin und was die Ärsche noch alles immer wieder mal zirkularbestätigend gern lesen, sowas kommt auch im Radio in legerer Betroffenheitsfassung doppelt gut, und dann läßt sich auch noch ein Zweireiher über Sargpreise und eine kritische Volkskunde über Trauerfeiern dabei abquetschen. So geht das. Und da hat auch dieser Irrsinn mit den Jahrestagen und der 100-Jahrfeierscheiße seinen Ursprung, und zum Schluß ist es dann soweit, daß der ausgewrungene Textlappen immer wieder in die eigene Pisse getunkt wird und wieder ausgewrungen, so daß man auf seiner eigenen Pisse Kahn fährt, das kann ich nicht gut finden, obwohl ichs mal gerne mitgemacht habe. Und so ist das auch am Ende gut, wenn man da rausfliegt, weil mans selbst nicht rausgefunden hätte, wegen dieser Veröffentlichungseitelkeit und Kompliment-

For Kippi: Psychobuildings I

fischerei ständig. Journalismus ist eine komplexe Berufskrankheit. Wobei die Jugend dabei wieder alles Gehabte übertrifft. Jetzt Weihnachten wars wieder unglaublich, was sie sich fürs Weihnachtsgeld wieder alles ausgedacht haben. So ein Quatsch, und den belächeln sie vor Schreck am eigenen Geistesverfall auch gleich selbst. Zum Glück habe ich mich selbst und Höge und Vogel dann durch eine Entgleisung meinerseits aus der Zunft gerettet. Bezeichnend war, daß die Zunft aus meinem bösen Wort dann noch ein halbes Jahr lang Zeilengeld rausgepumpt hat, sie ziehen eine selbstdisziplinierende, die Zunft neu durchmoralisierende Kampagne durch, pumpen dabei ordentlich Zeilenhonorar und fahren dabei die ganze Zeit auf meiner Pisse Kahn! Nun ja, die Feigen durften mutig sein, und Verfolgungen machen scheinbar den mickrigsten Nulpen auch mal Spaß. Das ist jetzt bei der Stasijagd genauso. Mit soviel Rückendeckung und Konsens darf man als feiges Medienarschloch sonst nicht enthüllen und irgendwen fertigmachen. Wir haben doch auch Spitzel, Staatsschutz und sonstwelche Schweine hier. Und im Grunde ist der Krieg zwischen Ost und West entschieden; bei der posthumen Rache jetzt gehts im Grunde um die guten Posten. Da werden die guten Stellen frei denunziert. Jeder Staatssicherheitsmann aus Osten, sogar Schalck ist mir doch am Arsch lieber als diese gerechten Arterhalter und Kammerjäger im

For Kippi: Psychobuildings II

Gesicht. Das wär für mich doch tausendmal spannender, den Schalck ins Ambrosius mitzunehmen als dieses berechenbare linkslarmoyante Arschgesicht Biermann! Ich durchschaue doch die Presse! Diesen Operettenwind mit Opferritus. Diese alte Opfergeschichte aus der Vorzeit, wo einer für die Reinigung aller geschächtet werden muß. Die Purifikation des Schweinesystems, das leistet die Presse, vorneweg die TAZ. Und dann dieses völlige Verkennen der Funktion von Zeichen, Autor, Verantwortlichkeit. Ich hab mir doch Gedanken dort gemacht; das haben sie doch nicht verwunden, daß ich die Zeitung einer Kritik der reinen Vernunft unterzogen habe; daran haben sie sich doch furchtbar gerächt und mich geschlachtet, um ihre erbärmlichen eugenischen Mickerseelen zu purifizieren! Ich kenn doch den Betrug. **Denn das ist doch eine merkwürdige** Sache mit den Zeitungen: Egal wieviel in der Welt passiert, die Seiten werden immer voll! Weder gibts Lücken an öden, noch ausklappbare Anlagen an ereignisreichen Tagen. Der zur Verfügung stehende Raum, die Zeitungsseite, wird ohne Rücksicht auf die Zeitereignisse konstant bleiben. Das Problem der Zeitung ist gar nicht die Zeit, sondern der Raum; weswegen sie auch besser Raumung heißen sollte. Mal ausgehend von McLuhans Meinung: »The medium is the massage.« Dann weiß jemand, der Fernsehn macht: »The TV-medium has a Zeitproblem.«

Bank Ihres Vertrauens!

Denn er muß seine Botschaften – egal welche, egal wie – den dort üblichen Zeiteinheiten anpassen. So kommt es, daß politische oder kulturelle Sachen im Fernsehn immer 45 Minuten dauern. Bei Krimis ist in der 85. Minute höchste Zeit und mit Klärung der Schuldfrage zu rechnen, denn einem Film gibt man eineinhalb Stunden. Deshalb wäre fürs Fernsehn ›Zeitung‹ passender. Der Zeitungsmensch hat sein Raumproblem, und sein Medium ist die Massage der Manuskripte und Meldungen, und zwar wird solange massiert, bis alles in den vorhandenen Raum paßt. Deshalb ist Prokrustes neben Rudolf Augstein der wichtigste Mann bei der Zeitung. Es gibt da zwei Probleme. 1. zuviel Text. Da wird gekürzt. Wenn es im Original noch heißt: *Erwin war so ein richtig uriger Schweinehund, wie es einer sein muß beim Pferdestehlen.* Dann wird bei Raumungsproblemen: *Erwin war ein Schweinehund beim Pferdestehlen* daraus. Aus zwei Gründen ist die Kürzung das eigentliche Grundproblem der Zeitung: Es passiert soviel, daß sich im Bereich Kompetenz gegen unendlich viele Geschichten berichten lassen, und diese wiederum in unendlich vielen Fassungen. Zum anderen treibt das Zeilenhonorar den Schreiber zu höchst ausschweifenden Berichten; weswegen durchaus mal erwogen werden sollte, ob es nicht besser wäre, die Zeilenhonorare progressiv zu verbilligen und ab einer gewissen Menge den Autor zuzahlen

Bank Ihres Vertrauens? Doch, doch!

zu lassen; der kann dann seinen Hammer liefern, wenn er ihn unbedingt liefern muß, da soll er dann aber Zeilenhonorar zahlen. Er wird sich dann ja wohl überlegen, obs wirklich wichtig ist. Die Kürzung liegt ja sonst mehr im Interesse der Finanzverwalter einer Zeitung und der Menschen, die die Seiten fertig montieren müssen und mit zuviel Text auffüllen sollen. Das wäre dann linguistisch gesehen das räumliche Performanz/Kompetenz-Problem. Wo der Schreiber mit dem Hammer vervielosovielfacht, da schneidet das Layout so lange weg, bis es paßt und dann wird daraus vielleicht: *Erwin war ein uriger.* Was ja durchaus sein kann, aber nicht mal der Autor wußte, und so kommts dann doch raus! Manchmal fehlt aber auch was, die Seite wird und wird nicht voll. Das ist das zweite Problem: zuwenig Text. Es folgt die Dehnung. Und auch hier gibt es Grobheiten und Finten, die Dehnungen bewirken. Da macht man einfach mal eine dicke Überschrift! Wumm! Und schon paßt es. Dann läßt sich die Sprache gedunsener strecken. Und nun ist auch große Bereitschaft auf ein Foto vorhanden. *Und wenn du denkst, es geht nicht MEHR / Kommt von irgendwo ein Lichtlein her* (Abb. 108)! **Zwischenüberschrift**en sind auch nicht schlecht. Auf die ehrlichste Art verwandelt das Layout die Leere in einen harmonisch wirkenden Absatz. Und der Leser mag Absätze. Er ist ja auch faul und haßt die monolithische

Allerorten Löcher I

Bleiwüste. Überhaupt spielt der Leser sein eigenes Prokrustesspielchen. Zwar möchte er für sein Geld eine dicke Zeitung, aber doch nicht alles lesen müssen. Eine schreckliche Vorstellung! Deshalb liest man sich mit gekonnten Abkürzungen durchs Gelände. Oft sind die Botschaften einer Zeitung idiotisch redundant. Titel, Text, Foto, Fotountertitel, alle sagen das gleiche (Abb. 108). Der Leser merkt das. Und genau dort, wo die Zeitung redundant dehnt, kürzt der Leser entschlossen ab: »Lichtlein! – Is doch einleuchtend!« Lesen entfällt. Man kann zum nächsten Artikel springen. Am liebsten ist dem Leser aber etwas Neues, Verblüffendes. Manchmal hat ein guter Artikel den Kauf einer langweiligen Zeitung gelohnt. Somit wäre die dichteste Stelle einer Zeitung dort, wo der Leser sich ausdehnt, breit macht und weiter macht. Könnte so sein; ich zweifle inzwischen eher dran. Solche Gesinnungsleser wollen doch eher die achtfache Bestätigung ihrer einfachen Ansichten. Na is egal. Man sieht, daß ich mir Gedanken gemacht habe bei der Zeitung. Eine Kantkrise hab ich den Ärschen beschert, und sie habens nicht mal wahrgenommen, weil sie gerade wieder mit ihrer Gerechtigkeit beschäftigt waren! Wir kommen darauf zurück. Und gleich muß ich wieder lieb zu Höge und Vogel sein und zugeben, daß sie mehr schlichte Lust hatten mitzukommen nach Linz, als dann den Bericht für die doofe TAZ zu schreiben. Klar. In

Allerorten Löcher II

Linz wurden wir erstmal in ein Hochhaus verfrachtet. Ein Studentenheim oder was, eine der höchsten Jugendherbergen Europas, 28 Stockwerke voll Doppelbetten umstellt mit penisartigen Doppelleuchten (Abb. 90), und wir hoch in den 15. Stock, kleines Zimmer sogar mit angeschraubtem Fernsehapparat (Abb. 18) und schöner Aussicht. Osterwold hatte das irgendwie ausbaldowert, daß wir da wohnten, seine angestellten Vortragenden und der Pressepulk und die Freundinnen und noch anderer Anhang, Funken war da noch und was weiß ich wer, jedenfalls war allerhand los, und im Parterre gabs einen Bierautomaten, also wir immer hoch, und runter im Fahrstuhl mit den Schillingen und den Bierpullen wieder hoch, und die leeren Flaschen konnte man ja wunderbar aus dem Fenster rausschmeißen und dann bis zehn zählen und kucken, wessen Auto man diesmal getroffen hatte. Die Unterbringung war soweit schon mal schön. Verpflegung war heikel; Osterwold hatte im Sparwahn so ein hochkompliziertes Couponsystem erdacht, für Frühstück, dies und jenes und mit einer perfiden Zeitgültigkeit, weit bevor wir in der Lage waren aufzustehen. Aber er muß so wirklich viel Geld gespart haben. Vielleicht überschätze ich das. Denn die anwesenden amerikanischen Avantgardepuristen sind lieber um halb sechs aufgestanden, bevor sie ihre Müslibons haben verfallen lassen. Die haben auch nicht so gesoffen wie wir

Virgo intacta II

im 15. Stock, die waren schon früh am Werk tätig. Nach den verfallenen Müslibons gings mit den Busbons zum Frühstücksheurigen und zur Arbeitsstätte fürs Duokonzert zunächst mal. »Ja, wo soll jetzt denn das Duokonzert stattfinden?« Also wir latschten über die Donau und latschten irgendwem hinterher in so ein Hafenstraßenviertel nach Linzer Art und wir latschten in ein kaltes Haus, kein Quadratmeter Wandfläche ohne Parole, ohne Kommentar, ohne Plakat, ohne Anweisung, der alternative Beschriftungswahn eben, der allgegenwärtige sozialkategorische Imperativ (Abb. 57). Und in diesem finstren Loch und in der beschrifteten Kälte sind wir noch durch eine Bodenluke hinab in einen Keller gekrochen, kalt verputzt, aber noch völlig unbeschriftet und mit 20-Watt-Birne oben. Hier soll das Duokonzert stattfinden, die ›fog and roll-show‹, so hatten wir das, glaube ich, genannt, irgendso ein Sprachspielblödsinn, den man selber am besten findet, und in diesem Falle wegen der obligaten Nebelmaschine. Diese Nebelmaschine, die wir bestellt hatten, war ungefähr so groß wie der ganze Keller. Na gut, dachten wir, wenn die das so wollen, dann wird hier das Duokonzert stattfinden. Wir haben unser Zeug da runtergeschleppt und dann standen wir da, ganz alleine mit unsern tausend Kabeln und elektrischen Sachen und der Nebelmaschine und 20 Watt über uns, und in uns kam Schauder auf. Das Grauen! »Das is ja wie

V.i. III, ohne gleichschenkelige Dreiecke

im KZ hier! Folterkammer!«, sagte ich zu Butzmann. Zu diesem Zeitpunkt wußte ich noch nicht, daß mich diese gedanklich-gefühlsmäßigen und immer sehr zwanghaften Verknüpfungssaltos nochmal um Kopf und Kragen beinahe bringen würden. Ich wußte damals nicht, daß man so nicht denken darf. Butzmann hätte ruhig mal was sagen können, bissel mahnen und warnen, hat er aber nicht. Er fand auch eher, daß KZ da unten war, und das wars leider auch. Also schleppten wir unsere elektrischen Sachen da unten zu Ende rein und dann sind wir erstmal unschlüssig durch Linz getappt auf der Suche nach einer Kleinigkeit zu essen. Da brauchten wir jetzt dringend was zu fressen auf den Schreck im Schauerkeller. Sind also da im Dreh etwas unschlüssig nach einer normalen Kneipe rumgeschuchtert und hatten uns dann eine ausgesucht und uns da endlich reingetraut, weil das mußte jetzt alles stimmen. Zu viele Schäferhunde mit Tiroler Hüten hätten uns jetzt mehr geschadet als genutzt. Die Biere standen schon, da kam die dicke Linzer Mutti in ihrer Kittelschürze daher und sagte, es täte ihr leid, aber es gäb nix. Nur Kleinigkeiten. Also leichte Enttäuschung schon, aber gut, Kleinigkeiten is auch gut. War ja eigentlich auch Absicht gewesen, nur eine Kleinigkeit. Ja, was gibt es denn nun für Kleinigkeiten? Also es gab, und jetzt kam eine lange Reihe irgendwelcher Sachen, die immer mit ›Knödel‹ endeten. Kaiserknödel, Linzerknödel,

V. i. IV, Reizwäsche

Speckschmarrenknödel, Hausbatzlerknödel, Kellerkazettknödel und weiß der Teufel was noch für Knödel. Jetzt wußten wir nicht, wußten gar nichts und, mein Gott, nehmen wir eben zweimal die Hausbatzlerknödel! Und die dicke Linzmutti ab in der Kittelschürze, Hausbatzlerknödel machen. Viertelstunde später – Wumm! – steht sie da wie Pik 7 in der Kittelschürze mit ihren zwei Portionen Hausbatzler, mit ihren zwei Kleinigkeiten: Auf jedem der Teller erstmal ein Pfund Salzkartoffeln. Dazu als zentraler Kalorienhammer ein Kloß, 15 cm Durchmesser, mit gebratenem Speck und Semmel gefüllt. Und damit auch keiner verhungert, über das gesamte noch jeweils ein halb Pfund zerlassene Butter. Jetzt hatten wir in unserer Freßgier und mit unseren ständigen Verhungernsängsten und in Anbetracht der sogenannten Kleinigkeit und auch weil das die einzig uns bekannte Knödelsorte war, für hinterher noch zweimal Germknödel bestellt. Als wir die gestopft hatten, sind wir wie die letzten Ärsche, wie zwei Gewürgte, Beleidigte und Erniedrigte, wie zwei, die kaum noch in der Lage sind, ihre Augenringe einigermaßen anständig hoch zu halten, raus auf die Gasse und dort völlig benommen rumgetapert, haben uns sinnlos über die Donau hin und hergeschleppt, völlig besinnungslos. Komischerweise kam die Besinnung vor einem Schuhladen wieder (Abb. 47). Ich hab abwesend in das Schaufenster gestiert. Das war ein kleines

Pappa ist schwindlig!

Schuhgeschäft, eher noch ein Schuster und eine Schuhmacherei, ganz handwerklich und schlicht, alles nach Linzer Art. Die Schuhe sahen gut aus. Volkstöppen, aber gut. Ganz wunderbare Schuhe. Langsam kam Begeisterung in mir auf, das waren famose Schuhe! So Haferlbotten irgenwie, aber die Schnürsenkel nicht so komisch seitlich, wirklich ganz schöne schlichte Schuhe schlechthin. In schwarz und sogar in rot. Und da glotzten wir jetzt zwischen die Auslagen, und nach einer Viertelstunde waren die Gnödel im Kemüt soweit verdaut und waren wir andere Menschen geworden, wie verändert. Innerhalb von fünfzehn Minuten hatten wir uns in eine Schuhbegeisterung hineingesteigert, daß es schon nicht mehr normal war. Und die Preise! Nichts für so ein Paar Schuhe! Das war einmal abgeschissen, für so ein Paar herrliche Schuhe! Also – klingklong – wir rein in den Laden, aber noch ohne einen Schilling in der Börse, es war alles verfressen, was wir an Schillings gehabt hatten, sind wir also nur mal so rein. Gucken. Und da stand nun der Schuhmachermeister Leibetseder daselbst und apportierte uns abnorm Begeisterten ein Einzelpaar ums andere zur Ansicht und Probe, und wir durften auch alles schön anfassen und »ach!« und »o!« die schönen Schnürsenkel und die guten Sohlen und das weiche Oberleder und die Gage in Schilling leider erst morgen. Das bekam der Meister nun doch irgendwie mit, daß wir klamm

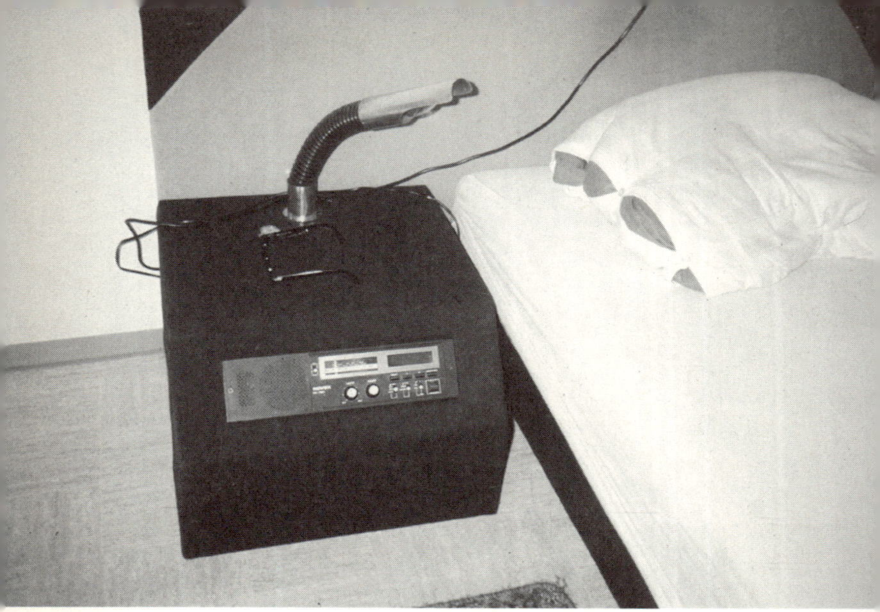

Abba

waren, und jetzt guckte der schon ganz traurig, und es wurde immer bedauerlicher, dem tat es auf seine oberösterreichische Art noch am meisten leid mit unserem gestörten Preis-Begeisterungs-Verhältnis, daß er schon so Altwiener und Altlinzer Trostformeln sprach, bis Butzmann dann endlich eine gute Wendung brachte, als er plötzlich auf seine Theodor-Däublersche Art hymnisch ankündigte, daß wir »übermorgen wiederkommen« würden! Er soll schon mal Sekt kaltstellen! Wir würden wiederkommen! Und so buckelten wir uns gegenseitig aus dem Laden raus, und er muß gedacht haben, was wir wohl für komische arme deutsche Arschlöcher sind. Jetzt hatten wir diesen einseitigen Begeisterungspotlatsch betrieben, den netten Schuhmeister mit Lob und Versprechungen überhäuft und draußen schauten wir nochmal fünf Minuten mit Tränen in den Augen und roten Ohren ins Fenster, und das wurde jetzt ein Begeisterungsselbstläufer. Der Leibetseder muß damals gedacht haben, entweder die sprengen mir das Geschäft in die Luft, diese abartigen deutschen Schuhfetischisten, oder die sind mir Kundschaft fürs ganze Leben. Denn das hat man uns schon angemerkt zu diesem Zeitpunkt, daß es ein Schuhwahn geworden war, ein oberösterreichischer Schuhfetischismus nach Berliner Art. Nach dem Abendessen und nach Ladenschluß schleppten wir zunächst mal Höge und Vogel vors Schuhschaufenster. Wir hatten sie

Kapielski

beim Essen sowieso alle schon kirre gemacht. Am Schaufenster waren sie dann selbst soweit, vielleicht um uns etwas zu beruhigen, aber doch eher schon angesteckt, weil wir als Städter eben alle diesen Adolf-Loos-Fimmel in uns bereitstehen haben mit der Begeisterung fürs Schlichte und Solide. Halb zog es sie, halb sackten sie ganz mit rein in unseren Linzer Schuhwahn. Alle (Abb. 14)! Zunächst mal das Duokonzert. Geldverdienen. Wir waren noch nicht in der Lage, einen einzigen Schuh zu bezahlen (Abb. 15). Das abendliche Duokonzert stand somit ganz unter Gemütseinflüssen, die sich dem Linzer Schuhwahn verdankten. Und der 20-Watt-Birne. Und der Erinnerung. Wir ackerten wie die Irren, wir kieferten da unten im Keller rum wie die Moorsoldaten im Moor, denn irgendwie war klar, daß alles Arbeit für den Schuh und für die deutschen Geschichten war. Und so hatte dieses Duokonzert die fürs künstlerische Werk so wichtige Prise irren Genies und wurde eines unserer größten! Wir tobten unten durch unseren Nebel, und oben waren ganze Einheiten oberösterreichischer Polizei eingetroffen, den Lärm zu bekämpfen, aber die kamen überhaupt nicht durch, der Nebel, jeder hatte nur noch 20 Zentimeter Sicht gehabt. Davor noch eine undurchdringliche Schallmauer. Nichtmal den Stromschalter zum Stromabschalten haben die gefunden. Die konnten nichts machen, und da haben sie wohl eine Achtung für

A watched pot doesn't boil!

entwickelt und haben sich zurückgezogen; die hätten uns ja hinterher noch schikanieren können. Ham sie aber nicht, sie ham kapituliert. Und es hatte sogar dem Osterwold gefallen! Es muß gut angekommen sein; wir haben ja nichts mitbekommen! Wir kamen uns hinter unseren elektrischen Krachsachen schon komisch vor, wir wußten weder, ob wir Zuhörer hatten, von Zuschauern ganz zu schweigen, wir haben keinen Arsch gesehen. An den Kabeln entlang haben wir uns zu den Bedienknöpfen vortasten müssen. Mit einer Taschenlampe hat Butzmann die notwendigen Klaviertasten gesucht. Und wenn er sie gefunden hat, dann hat er sie aber auch gedrückt! Und das ist dann auch gehört worden, bei Gott! Zurück zum Schuh. Wir sind am nächsten Tag nach dem Frühstück mit Höge und Vogel und der Nebelgage zum Leibetseder in den Hofberg 7, und wie wir da rein sind in den Laden, da war eine Begrüßung und eine Begeisterung mit dabei und außer uns noch irgendein anderer Begrüßter und Begeisterter, und als wir dann schließlich sechs Paar Schuhe bar bezahlt hatten, da war die ewige Völkerfreundschaft ausgebrochen, und der Leibetseder hat gemerkt, die sprengen mir den Laden nicht in die Luft! Ab jetzt standen wir auf der ars electronica immer in unseren neuen Schuhen rum. Blick nach unten. Noch am selben Nachmittag hatten Barbara Bloom und Mathias Osterwold Leibetseder-Schuhe an den Beinen.

A Lampe too!

Noch am Abend des nächsten Tages hatte Baudrillard auch welche gekauft! Er fand sie »incro«, und deshalb mußte Flusser am folgenden Tage natürlich auch welche kaufen. Kittler sowieso. Heinz von Foerster hatte sie nun allerdings immer schon! Als alter Linzer trug der die seit eh und je. Er hat uns erzählt, daß er sie dort über seinen Haushaltsetat beim ›Biological Computer Laboratory, Department of Electrical Engineering‹ an der Universität von Illinois absetzt. Das fanden wir großartig. Und außerdem hat uns Foerster erzählt, daß er mal Jugendfechtmeister in Linz war während seiner Schulzeit. Hat uns noch mehr begeistert. Er hat überhaupt den besten Vortrag gehalten, den ich je erlebt habe! Sein ›radikaler Konstruktivismus‹ ist eine kniffelige Angelegenheit; er hats aber plausibel gemacht. Wir haben allerlei Experimente machen müssen, es war komisch, und wir haben hinterher so eine Art Kleistsche Kantkrise gehabt, so waren wir verblüfft worden. In Rechnung stellen muß man wohl, daß er diesen Vortrag als Einführungsvortrag seit 30 Jahren hält und das also kann, trotzdem. Als zweiter kam Baudrillard ins Ziel; Weibel der schlechteste. Höge hat sich in seinem ganz speziell angefachten Schuhwahn – ich denke auch an die selbstgedrehten – zu einer übermütigen Bemerkung hinreißen lassen und hat »Heinz!« gesagt zu Heinz von Foerster. »Heinz!«, hat er gesagt, »wir haben gleich gewußt, daß du

Sparlampe

der schärfste bist!« Hat Heinz aber nicht übelgenommen. Er ist wirklich schwer in Ordnung, der Heinz! Wir dürfen ihn duzen. Nur Weibel latscht weiter in ›Budapestern‹ rum. Unsere Leibetseder sind dem zu popelig oder schlicht zu billig, also latscht der dort hochwichtig auf der ars electronica rum und hat die hohen Posten inne und macht dort den Arsch electronicus. Diese wüst rabiaten Sachen vom Weibel haben mich mal beeindruckt. Heute kommen mir die Sachen wie Investitionen auf eine spätere Karriere vor. Zwischen der böse-Onkel-Phase und dem Generaldirektor liegt allerdings noch eine Phase, da wird über Jahre genörgelt, man sei ein verkannter Künstler, alle seien gegen einen, man würde überall rausgetrickst. Also ein paranoides Genörgel, bis tief rein in die längst begonnene Karriere; das macht nämlich alle kirre und löst manch Helfersyndrom aus. Heute sehe ich Weibels Arbeit so: Auf einem zusammengekupferten Theorienhochstapel (Baudrillard + Virilio + Marschall Mc Luhmann + dies und jenes, das sich ›Medientheorie‹ nennt), der oben ordentlich wackelt, steht noch ein Fernseher, in dem mäßige Videos laufen. Sein wahres Können besteht im Management der Künste, Symposien, Professuren, Institute, Budgets. Das muß man anerkennen, das ist auch irgendwie eine Kunst, zehn Posten zu haben und überall die Flossen drin. Eine ähnliche Tendenz beobachte ich bei ehemals ›Minus Delta t‹

Lampe im Ausland

und so. Mike Hentz, der erstmal schwer in Ordnung ist und Bestes geleistet hat, auch diese harten Rumpelhämmer mit großen Verblüffungseffekten, das muß was Österreichisches sein, dieses Rabiate immer, und der macht jetzt so merkwürdig medientheoretisch legitimierte Partys für Edeltreber. ›Ponton‹, da wird gesendet, ganz manifest (Abb. 60). Mit Wackelvideo und Weltveränderungsmessianismus; nur daß jetzt keine Revolution ist und so, sondern die ›Wahrheit‹ und der ›Sinn‹ verbergen sich in irgendwelchen elektro-komischen Cybersachen. T. Leary war vor kurzem an der Humboldt-Universität mit einer Computercrew, und sein Team wollte uns in die Cyber-Virtualität rüberholen. Die kamen aber nicht mal mit der Saalbeleuchtung zurecht! Haben verzweifelt Knöpfe gedrückt, und da kam halb komisch, halb erhaben so eine riesige Gebrüder Humboldt-Oblate an zwei Seilen von der Decke runtergeschwebt, ganz langsam, theatermäßig, ist unten auf den Boden, dann nach vorn gekippt und hätte fast den Leary erschlagen und die Cybersachen alle umgekippt. Das Reale läßt sich auch nicht alles gefallen! Na ja, ich habe den Weibel trotzdem artig begrüßt, wir hatten mal einen Briefwechsel gehabt, einen knappen, und wie ich den Weibel höflich geschüttelt hab und der schon längst wieder weiter war, wo ich noch Nettes gesprochen habe, da hat Höge gesagt, in seinem Schuhwahn wieder: »Gehst du zum

Lampe Niederbayern

Weibel, vergiß den Lischka nicht!« Also sind wir zu Lischka und haben mit ihm am Tisch gesessen, und der fand Heinz nicht gut! Da war ja nu alles klar! Seine Schuhe konnten wir nicht sehen; er hat wahrscheinlich solche Schweizer true-light-Stiefel an, ich weiß es nicht. Jedenfalls, als Baudrillard plötzlich Leibetseder anhatte, da sagten sich doch plötzlich alle: »Sei schlau – geh zum Bau-drillard! Und zwar in Leibetsedern!« Und kauften auch welche. Denn Baudrillard ernährt sich zwar vom Virtuellen, aber wenn man ihn ins Reale schickt, braucht er auch ein Paar ordentliche Schuhe, der alte Schlaudrillard. Wenns im Virtuellen regnet, nimmt man doch besser den Regenschirm mit! So ging also bei der ars electronica 88 diese Schuhgeschichte los, und Heinz von Foerster, den wir ja nun Heinz nennen durften, hatte uns auf die Idee mit der *mail order* für die Leibetseder gebracht. Halb Berlin läßt sich derweil die Schuhe vom Leibetseder schicken. Man ruft ihn einfach an und gibt die Schuhgröße durch. Bei mir weiß er inzwischen schon Bescheid. »Es is scho avisiert!« Brüllt er begeistert durchs Telefon von Linz nach Berlin. Einen Tag lang gehts einem gut, nach so einem Anruf beim Leibetseder. »An Dreiunvierziger?! Is scho avisiert!«, brüllt er begeistert. Und hin und her und Herr Geheimrat Kapielski und dergleichen mehr Bauchgepinsel bis zum finalen Doppelgrüßgott. Danach gehts einem gut. Zwei Wochen

Kunstwerk ›Keiner v-ersteht mich‹

später kommen die Schuhe. Man schickt einen auf Schilling ausgestellten Euroscheck zurück und alles ist eine schöne schlichte Adolf-Loossche oberösterreichische Schuhgeschichte. Das war der eigentliche Bummeffekt dieser 88er ars electronica, neben den Butzmannschen und Kapielskischen vorbildlichen Vorträgen und der von Gente in die Gänge gebrachten Vortragsreihe mit Baudrillard, Flusser, Friedrich Kittler und Böhringer, und Merves haben das alles schön ›al Gente‹ als Band 146 rausgegeben. Für Flusser muß dieses Symposion so eine Art dritte Antriebsstufe gewesen sein, weil er kurze Zeit später dann mit den Leibetsedern und die Brille so rommelmäßig auf der Stirn bräsig im Spiegel abgebildet war, bis wir endlich einsehen mußten, daß das Gute an Flusser eigentlich Louis Bec, dieser Tintenfischer mit seiner Tiefseesprache ist. Das wundersame und wunderbare Buch über den Vampyroteutis infernalis ist doch im wesentlichen von unserm Kalamarismeister und nicht von Flusser, obgleich ja beide als Autoren angegeben sind. Man hat also mal wieder den Pleban zum Papst gemacht. Und in Sachen Weibel den Künstler zum Pleban. Sein Vortrag war schwach, bestach aber durch Länge. Ganz oben wackelte und schwankte das hohe Gestapel. Soll man ihm nun trotzdem den Glimpf geben? Ich meine, geben wir ihn ihm. Wir sind dann am Tage des Kittlerschen Vortrages, wo der

Bier ohne Verdeck

Kittler auch schon in Leibetsedern rumlatschte, dann mit ihm auch was fressen gewesen. Es war ein Ganserl mit Rotkraut und Knödel gewesen. Also solch ein hervorragendes Ganserl! Sowas kann man nicht mal selbergemacht so gut hinkriegen. Wir fressen hier die preußische Kost tagaus tagein. Jeder gut gemeinte Ansatz zum guten Kochen muß mit der Zeit scheitern in Berlin. Und der Druck gegen die gute Küche kommt von unten! Das Volk wünscht seine tägliche orale Abstrafung. Und die Ostgoten sind da noch schlimmer; das ist masochistischer Hedonismus oder umgekehrt hedonistischer Masochismus, sowas habe ich noch nicht erlebt. Und gerade daran halten die fest! Das wollen sie sich nun nicht auch noch nehmen lassen, den Mangel, die miese Kost, die schlechten Biere oder die Anstehschlangen. Man braucht im Osten mit drei, vier Kollegen bloß mal spaßeshalber eine kleine Schlange zu bilden vor irgendeinem ranzigen Kaufladen, zack!, schon wächst die Schlange, die stellen sich überall erstmal sicherheitshalber mit an, oder eher reflexartig, die Ostgoten. Das sind wohl die merkwürdigen und unvorhersehbaren, paradoxen und sonstwie verrückten Widerstandsformen, die sich da im Ansatz entwickeln und die manchen Westgoten noch wahnsinnig machen werden, und dazu sind sie ja auch da! Ich hatte gleich am Anfang so eine kleine Bude im Osten gemietet, so eine Rammelkammer, wo

Feuerwehr Kopenhagen

meine Bücher drin standen und mein Zweitfernseher. Brauchten wir ein Verlängerungskabel für. Jetzt hatte dort in der Gegend ein Elektro- und Fernsehladen nach dem anderen aufgemacht, die standen voll mit den fettesten Großbildschirmen und Satellitenantennen, und da dachte ich mir, ich kaufe jetzt mal eine Verlängerungsschnur fürs Antennenkabel im Osten. Im ersten Laden dachte ich noch, das ist jetzt ein Zufall, das »Ham wa nich«. War aber kein Zufall; ich bin zur Unterhaltung und Verifizierung noch in mindestens sieben andere Fernsehgeschäfte rein. »Ham wa nich.« Das ist auch plausibel, das lassen die sich nicht nehmen. Und im Grunde ist es auch ein verschobener Werbebetrug, wie er bei uns gang und gäbe ist. Die Hamburger sehen auch nicht aus wie auf der Verpackung und den Werbefotos. Im Osten gibts eben nicht alles, was zunächst mal auf die Speisekarte geschrieben wird. War auch ein Zeichenüberhang an den Dingen. Das eine wundert uns nicht, das andere wundert die Ostgoten nicht. Also Kittler war mit beim Ganserl. Kittler hatte so eine Realschulfassung vom McLuhan präsentiert, mit viel exemplarischer Parade kamen Funk und Welle daher; und eine Welle kommt selten allein (Abb. 6)! Was hat Gente eigentlich für Schuhe? Leibetseder bestimmt nicht. Die passen nicht zu ihm. Obwohl er auch mal ewig solche Hasenpfoten namens Roots angehabt hat, damals, diese Rootstöppen. Aber mehr

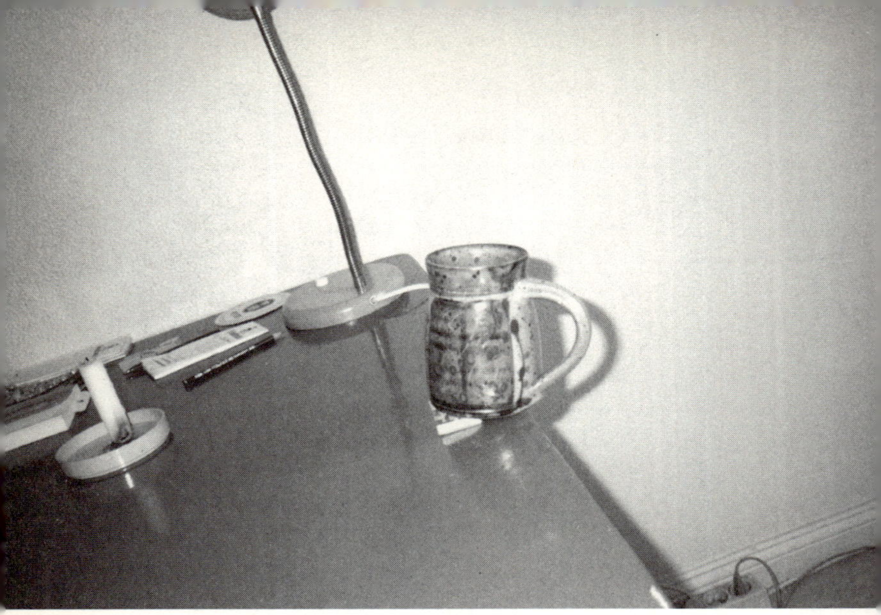

Murphys trompe l'œilchen

aus gesundheitlichen Gründen, was weiß ich, denn ein Gesundheitsmann ist er nun bestimmt auch nicht. Heidi hat mir mal beigebracht, wie man mit der Lacksprühdose für den betreffenden Abend die kackbraunen Scheißschuhe in schwarze Lackschuhe ›wie neu‹ verwandelt. Sowas lernt man im Verlagswesen, weil es einem die Haare vom Kopf frißt. Da lernt man den Mangel in Überfluß verkehren. Das sind so die Momente, immer mental auch verursacht durch Weltschmerz zum Beispiel, da hocke ich wortkarg in der Bude und verbringe einen ganzen Nachmittag damit, Packpapier, anstatt es einfach wegzuschmeißen, in Lesezeichen umzuarbeiten. Mit Eisenlineal und Schneidemesser, zapp, zapp, schön exakt alles. Hinterher hat man Legitimation auf ein Bier. Da gehe ich dann zu Hoeck was trinken und schaue mir in aller Ruhe den Rembrandt-Fleck an (Abb. 154). Warum? Ich trinke, naja, ich saufe dort eher, um meine Misere zu steigern. Um sie unerträglich zu machen, muß man trinken. Um sie zu steigern, muß man saufen, um sie zum Erblühen zu bringen, ins tragisch Schöne zu verzaubern und um sie in ihrer vollen Unseligkeit auszukosten, muß man saufen. Handkesch gesagt. Und vielleicht ist auch dies richtig: Ich hatte Angst vor irgend etwas in der Luft liegendem Grausigen und ich wollte die Angst in einem Arbeitsgang vernichten und potenzieren zu intellektueller Erfahrung. Trat der Rausch ein,

Integrationsmodell

würde ich mir jeweils der Ausweglosigkeit der Lage mit einer Süße bewußt, der ich nicht mehr bereit war, abzuschwören, sie schien mir das Wahre, das es kühn anzusteuern galt: die Selbstvernichtung als Naturzweck. Daimler Bennsch gesagt. Gescheiter gehts nimmer. Ich habs auswendig gelernt, es ist von Henscheid. Zurück zum Quatsch! Weshalb jetzt nach der oberösterreichischen Schuhgeschichte eine weltmaßstäbliche Strumpfgeschichte kommt. Und wie die Schuhgeschichte eine positive Geschichte. Weil man nicht immer alles Scheiße finden kann. Man gedeiht nicht ohne ein gelegentliches Zutrauen zum Leben. Und es ist erstaunlich, daß sich gleich zwei positive Geschichten unten bei den Füßen abspielen. Die Strumpfgeschichte hat ihren Ursprung aber auch in einer Scheißgeschichte. Als Vorpubertärer kam das Klamottentrauma über mich. Mutti meinte alle halbe Jahre, wir brauchen was Ordentliches zum Anziehen. Da bin ich dann als ergebener Gefangener des familiären Irrsinns mit zehn oder elf Jahren vorpubertär hinter Mutti hergezottelt, und es war dann immer so, daß ich verzweifelt und in Unterhosen und stundenlang in der Umkleidekombüse stand, während Mutti mit acht verschiedenen beschissenen, aber äußerst praktischen Doofhosen in der Weite des Kaufhauses rumgedieselt ist und sich dann mit irgendwelchen greisen Fachverkäufern mit zu mir in die Kabine gequetscht hat, wo

Postamentshermes

sie mir eine Hose verordnet haben, wo ich nicht die Kraft hatte zur Abwehr, womit sie mich aber in eine radikale Kampfpubertät hineingetrieben haben, daß es später die gesamte Gesellschaft zu spüren bekommen und bereut hat. So hat das ihr und mir ungeheuren Schaden zugefügt. Ich habe jahrelang keine Klamotten kaufen können. Ein Ekel hat mich überkommen, diese ganzen Klamotten in den Kaufhäusern, diese ungeheure Auswahl von ein und demselben Mist. Es ist mir dann Gott sei Dank die Modeverweigerungsmode entgegengekommen. Zerlumpt lag ich im Trend, wie ein Penner bin ich durch die Jugendjahre gelatscht seinerzeit. Nun braucht man aber doch hin und wieder ein Stück Schießer oder was, und da habe ich mich zuallererst und um die größten Hemmungen abzuarbeiten an die Sockenstände rangetraut. Da weiß man mit der Schuhgröße Bescheid, braucht nichts anzuprobieren und lächerlich vor Spiegeln rumwackeln, das geht ruck, zuck, ein Schnäppchen! Man kauft dann schon befreiter mal eben einen 10er Pack Billigsocken vom Tisch weg. Mit der Zeit wurde ich zum gewieften Verbraucher im Sockenfeld und habe Qualitätsinstinkt entwickelt. Von da ab kamen nur noch Falke-Teppich-im-Schuh und Falke-walkies in Frage. Weil es einfach auch schön ist, mit 15 DM auf der Strumpfebene an gediegener Güte vom Feinsten teilhaben zu dürfen. Man braucht sich auch nicht ständig auf etwas Neues

Flughafen Nürnberg mit Trichter

einzustellen da unten, da hat man die Qualitätssocke und die guten Leibetseder unten dran und das stimmt so. Das reicht. Am eigenen Leib waren mir die Füße unten immer das gleichsam ausländischste als auch angenehmste. Weil das so weit weg ist und so objekthaft eigenwillig, auf ganz selbstvergessene und genügsame Art das nächstliegende Fremde. Das Bewußtsein läßt die Füße meist in Ruhe, sie wackeln so seltsam automatisch unter einem dahin oder sie stehen treu und vergessen in ihren Leibetseder Lederhülsen unterm Gaststättentisch, während man sich oben ein Bier nach dem anderen in die Öffnung am Kopf schüttet und raisoniert. Der Blick wird dabei horizontal gehalten, schmiegt sich horizontal an die Erdoberfläche und muß immer alles weltverbesserbar halten. Das ist horizontale Wahrnehmung. Auf diese Sicht stützt sich Sozialarbeit und der wiederum protestkerzengestützte Politkitsch. Wenn man hochguckt, vertikal nach oben oder streng tangential in den Weltraum geradeaus raus, dann gehts schon besser, da wirds hellblau, allerdings um den hohen Preis einer Hypothek aufs Metaphysische. Die vertikale Wahrnehmung und zwar nach unten, da steckt die Leibetsedergeschichte und die Teppich-im-Schuh-Geschichte und sonst noch was an positiven Geschichten drin. Da kann man nicht nörgeln. Da kann man keineswegs regenwäldlerisch rumlatschen und meckern und weiße

Weltweit ohne Picasso

Betroffenheitslappen aus dem Fenster raushängen, völlig verblödet. Sowas Schwachsinniges habe ich nicht wieder erlebt, diese kriegslistigen Lappen. Man sollte zum Bekenntnis gezwungen werden. Bei Nichtlappenraushängung wurde man als Kriegsbefürworter ertappt. War wie Kerzen ins Fenster gegen den Kommunismus früher. Die Feuerwehr hats den Antikommunisten zum Glück ausgeredet. Außerdem: So ein Friedenstrottel und Robbenfellretter wird mir doch nicht weismachen wollen, daß er friedlich bleibt, wenn er meinetwegen Läuse oder Sackratten hat. Da rennt er doch auch in die nächste Apotheke und läßt sich in Sachen Völkermord beraten. Und die anderen sind auf ihre Art auch schön doof und rollen auf Turnschuhen die Rolltreppen runter. Runter, wohlgemerkt, und in Turnzeug, in diesen schlabbrigen Sachen, die nach Schlafanzug riechen. Ich erinnere an den Pißfleck über mir. Und einige rollen die Rolltreppe im Turnzeug sogar runter, um in irgendeiner stinkigen Turnhalle mal wieder den Körper zu bewegen! Das ist doch komisch, oder? Nochmal zur Auftreterei und Kunst ein **Wort ohne ›k‹**. Am Nollendorfplatz gibt es eine neumodische Kneipe, die früher ›Café Central‹ hieß. Heute heißt das ›Swing‹. Man hat sich dort nie vom ›New Wave‹-Stil ablösen können. Bis heute stellen sie gemäßigt geschändete Schaufensterpuppen ohne Arme ins Schaufenster und hängen jeglichen triefnasigen

Weltweit mit

Ölschinken, wo zu kriegen ist. Die Werbung ist auch zum größten Teil auf ›New Wave‹ geschwenkt, da gabs mal eine kairos-Stelle, wo es Englisch hätte werden können, also gut, intelligent, verblüffend und komisch; nicht dieser ›wet-Gel‹-Quatsch. Folgerichtig heißt jetzt eine Kaffeesorte ›Swing‹, so wie unser Café am Nollendorfplatz. So wie Willy Brandt das prophezeit hat. Nun ist das aber wegen der Geschäftsführerin mit der Einschätzung dieser Kneipe nicht so einfach. Sie machen ein nettes Nachtprogramm. Es kostet keinen Eintritt, also kann man, wenns scheiße ist, wieder gehen, und das ist schon mal prima. Eins ist klar: Verkehren würde ich dort nie und nimmer, aber ich hatte schon mal mit Butzmann dort musiziert, und das waren unvergeßliche Abende gewesen, obwohl ich nicht mehr recht weiß, was wir da überhaupt gemacht haben. Also sage ich »Ja«, als die Geschäftsführung mich fragt, ob ich eine Lesung oder sowas mache. Sie hatten gehört, daß ich jetzt neuerdings bewegte Vorträge halte. Und dann sagte ich, liebe Geschäftsführung, das wird dann aber ein schlichter Lichtbildervortag, sowas wie ›Urania‹, und was machen die, sie kündigen das als ›Performance‹ an! Kann sie also so in Ordnung gar nicht sein, die Geschäftsführung. Ich habe mich drüber aufgeregt und dann auch wieder gedacht, da hast du dein Lepratal, geh hinein, es ist nun mal angekündigt. Und es wird sich auch

Ohne weltweit mit Picasso

irgendwie deichseln lassen. Jeder soll schließlich dem anderen seinen Platz in der Geschichte gönnen, wie Willy Brandt neulich zu Helmut Schmidt sagte, und Schmidt soll sofort zugestimmt haben. Also hatte ich mich am betreffenden Montag in Ruhe und aufs beste seelisch und stofflich vorbereitet auf diesen Lichtbildervortrag. Das heißt erstmal ausschlafen, in Ruhe dann den Tag angehen, weil das so schrecklich spät losgeht, auch so eine blöde Mode, diese Veranstaltungen mitten in der Nacht um ein Uhr. Und dann im Laufe des Tages auf jeden Fall schonmal vorsorglich leichten Größenwahn auflegen. Für diesen Vortrag ist das nötig, der heißt »Ausschümfe«. Damals hieß er so; heute kommt mir das auch schon wieder blöd vor, als Titel. Heute würde ichs »Brüllen nach 45« nennen. Und das ist keine ›Performance‹, sowas macht man einfach nicht! »Brüllen nach 45« erforderte passende Dias und – noch wichtiger – die rechte seelische Verfassung. Erfahrungsgemäß erreiche ich die, indem ich den ganzen Tag über ab und zu mal vorm Spiegel beiläufig bemerke, daß Kapielski ein feiner Mensch ist. Oder ich höre mir die Platte an, wo das drauf ist. Das gibts tatsächlich auf Schallplatte! Nee, damals war die noch nicht raus. Egal. Der Königsweg zur betreffenden seelischen Einstellung ist das kalkulierte Biertrinken. Das heißt reichlich, aber auch nicht zuviel; und es ist eine Zeitproblematik vorhanden. Im Hinblick darauf

Mögen die Kinder unserer Feinde in Luxus leben!

marschierte ich bereits um 19 Uhr mit dem Projektorkoffer in die Sonnenallee zu meinem Lieblingsjugoslawen, um eine ausbalancierte feuchte Grundlage zu schaffen. Ich wohnte da noch in der düsteren Weserstraße. Beim Zec gabs die ›Große Räuberplatte‹ mit einer Opferschale aus Zwiebel oben drauf, da brannte ein Schnaps drin, wenn das ankam. Da war auf der Großen Räuberplatte ein uralter Opferritus als Relikt aus der alten Opferzeit übriggeblieben. Das bedeutete schon mal im voraus eine Erlösung aller Versündigungen, die sich im Laufe des Abends ergeben würden. Oder eigentlich bedeutet sowas sogar: sündige ruhig! Der katholische Trick siebzehn mit der garantierten vorauseilenden Entschuldigung. Flambieren heißt das heutzutage in diesem jugoslawischen Plattenzusammenhang, und inzwischen flambieren die sich dort gegenseitig. Die Pommes frites brennen besonders. Dazu drei Bier, und dann gibt Zec immer noch gaststättenhalber einen Slibowitsch aus. Das ist so. Den kann man nicht ablehnen. Im ›Swing‹, das fing wie gesagt um eins an, und ich hatte noch Zeit. Ich werde also, dachte ich beim Slibowitsch, erstmal zu Fuß gehen, frische Luft, und es braucht seine Zeit, und dann wollte ich in einem Korridor von etwa tausend Metern links und rechts auf der Luftlinie zum ›Swing‹ hier und dort eine Erfrischung nehmen, genau so, daß ich die rechte Stimmung in der Nacht um eins erreicht

Photischer Niesreflex

hätte, wenn ich dort erfrischt wie ein Fürst eintreffen würde. Denn diese genaue Dosierung, das war wie gesagt das schwierigste beim beabsichtigten Lichtbildervortrag. Also was jetzt für ein Vortrag? Man weiß, und ich auch, daß ich ein friedlicher Mensch bin. Mord ist meine Sache nicht, bin ich zu feige für, und ich bemühe mich, das auf Ausnahmesituationen zu reduzieren. »Brüllen nach 45« erfordert aber rechtschaffenen Zorn und lautes Brüllen. Es brüllt ja keiner mehr, es gibt kein Brüllen mehr, außer vielleicht bei Bauarbeitern, Müllkutschern, so das klassische **Brülletariat**. Mit dem Schwanketariat is wieder was anderes. Und die Intellektuellen haben nur noch die **Brüllen zum Lesen** oder überhaupt ständig eine, um was zu sehen. Die sagen, bevor sie rabiat werden, eher so Sätze wie: »Würdest du bitte so gut sein und mir meine Brieftasche bitte zurückgeben.« Brüllen entfällt. Schade. Nachdem Hitler zwölf Jahre lang ins Volk reingebrüllt hat, ist das dort verkümmert. Das traut sich keiner mehr zu, denn wenn sich doch mal einer etwas Lautes zutraut, dann gilt: »Um 5 Uhr 30 wird zurückgebrüllt!« Und die seichte Art kommt überhaupt dieser hysterischen Friedenssehnsucht entgegen, diesem schalen Weltbild der ewigen Harmonie. So laufen alle verärgert oder beleidigt aber stumm durch die Landschaft, und manchmal hauen sie sich gegenseitig tot. Dazwischen fehlt das Brüllen. Die Pazifizierung der

Cubanisches Mitbringsel

zivilen Gesellschaften führt dazu, daß die Gewalt irgendwie kulturlos wird (Abb. 148). Entweder ist sie völlig tabuisiert und dann kommt dieser schale Frieden dabei raus, oder die Ökomuttis lassen sich von ihren dreijährigen Arschlöchern tyrannisieren, weil sie es nicht gut finden, ihnen mal eine zu schwalben. Übrig bleibt nur der dumpfe Totschlag, der Baseballschläger aufs schwarze Haupt. Wenn du mal richtig scharf darauf bist, einen umzulegen, mußt du ihn totfahren. Ich hab gelesen, daß einer vier Monate auf Bewährung bekommen hat, obwohl er schon mal wegen Suff die Pappe weg hatte; der hat mit korrekter Geschwindigkeit auf eine neunzehnjährige Frau zugehalten und sie im Regelrahmen umgelegt. Es fehlt eine ›martial art‹, obwohl, bei der Geschichte gerade, da liegt ja fast wieder martiale Listigkeit drin, trotzdem ist es krank und kulturlos, und darauf will ich hinaus. Deshalb mußte »Ausschümfe« sein. Da siehst du ein Dia von irgendeinem Arschloch oder von einem unhaltbaren Zustand (Abb. 134), und da rege ich mich dann drüber auf. Und wer will, kann mitbrüllen. Wenn das auf der Straße schon nicht mehr geht, dann muß man das eben auf Bühnen kulturell erhalten und pflegen. Ich stehe dann da oben und brülle gewöhnlich irgendwas Starkes in Richtung auf die billigen Plätze: »Ich leg euch alle um, ihr Scheißer!« Es gibt genug. Kohl lasse ich prinzipiell in Ruhe, oder ich lobe ihn sogar! Ich brülle:

Praktisch ohne Tisch

»Hunde mit Gesamtgewicht über 5 Kilo – raus aus Deutschland! Außer Jutty.« Irgendsolchen Quatsch. »Macht eure scheiß Grafittis auf privatscheiß Autos und laßt die leeren Flächen und die U-Bahn in Ruhe!« Also ernsthafte Politik der Zeichen. »Seid keine Frösche!« (Abb. 85, 87) Oder ich hab gebrüllt: »Ich will so bleiben, wie ich bin!«, und das Publikum mußte: »Du darfst!« zurückbrüllen. Dann habe ich gekontert: »Seid nicht so!« Also ›Sorge um sich‹ und die anderen Idioten. Foucaultsche Subjektpolitik! Der alte Diskurswerfer. »Foucault schafft Arbeitsplätze!« Das Ozonloch auch. Habermas Parkplätze. Oder: »Laßt die Leute raus! Egal wo und welche, und geht selber rein, ihr Penner!« Dann werden allerlei sonstige Arschlöcher nicht vernachlässigt. Warum persönlich bleiben, wenn man auch gemein werden kann? Oder: »Solche Gemeinheit: Frauen hassen den Krieg, aber lieben die Gewinner!« (Abb. 139) Nun, es ist immer eine Frage der allgemeinen Lage und der Tagesform. Mit solchen Konzepten war ich ins ›Swing‹ aufgebrochen und auch besten Willens gewesen, dort zu erscheinen. Allein, es wurde nichts. Ich hätte mich mal lieber dort vor Ort aufwärmen sollen. Aber von vornherein war mir diese Sorte Kneipe im Grunde ungemütlich. Ich hatte wie geplant hier und dort am Hermannplatz, dann links und rechts der Hasenheide diverse Erfrischungen genommen und war bester Laune

Praktisch mit Tisch

gewesen. War gut vorbereitet. Ums kurz zu machen, gegen 23 Uhr betrat ich eine Kneipe, wo ich schon drei-, viermal gewesen war, die befindet sich im Raume Schwiebusser-, Fidicinstraße etwa, und da war immer gute Atmosphäre gewesen. Kein neumodisches, sondern Kindltränke, und dort war schon famose Stimmung, als ich rein kam. Dort verkehrt, was Kultur und Politik betrifft, ein zynisch verwegener Menschenschlag, so ein Mischstil, wo ein Gütetest immer noch der gut erzählte schweinische Witz ist, und dort war ich steckengeblieben. Und ich hatte mich auch schon etwas verschluckt, war in guten Gesprächen drin und dachte dann auf einmal: »Bist du denn noch zu retten, Kapielski!? ›Performance!‹ Dies eitle Handwerk laß sausen! Du gehst einfach nicht hin da!« Bumm. Nun war aber der Knüller, daß ich die ganze Zeit überbesorgt wegen meinem Projektorkoffer war, weil das so ein Symptom ist, dieses besoffene Vergessen von Plastiktüten und Projektorkoffern auf Kneipenzügen. Eben bis einer sagte: »Sach mal, wat hastn du da fürne Kühltasche?« Is keine Kühltasche, ist ein Diaprojektor! Glauben wir nicht. Hin und her, und ich erzähle die Lichtbildervortragsgeschichte und vom Lepratal, und da gabs dann nichts, ich mußte den Vortrag vorführen, in der Kindeltränke. Wenn ich jetzt gesagt hätte, das ist eine Kühltasche, dann hätte ich vielleicht noch den Weg ins ›Swing‹ genommen, nein, hätte ich

Inter pocula

nicht, aber die Schuldgefühle danach wären erheblicher gewesen. So gabs ja doch einen Lichtbildervortrag. Dabei muß man vorausschikken, es ist eine dumpfe Kneipe, die Leute dort sind so Unterhaltungskyniker gewesen, sie wohnen aber nicht in Tonnen, sondern trinken sie nur ständig aus. Die guten alten Humpenleute. Es war also Bereitschaft – im Suff sowieso – zu Remmidemmi und zwar mit Niveau. Die Parole war: »Klamauk ja – aber bitte mit NIVEA!« (Abb. 123) Na gut. Sie waren jetzt natürlich verblüfft, wie ich mit Brüllen anfange. Aber sie haben dann mitgebrüllt, erst war das einfache Publikumsbeteiligung, aber dann wurde so ein **Brüllen nach 45** nachgeholt in wenigen Stunden. Und nicht auf der Bühne, sondern in der Öffentlichkeit. Wir sind dann auch alle nach Hause gebrüllt, und es werden sich noch einige gewundert haben, was auf der Straße los ist. Es wurde auch gesungen. Manch älterer Mitbürger wird sich aber gedacht haben: **Verdammte Mistscheiße, endlich wieder Brüllen nach 45!** Wie auch immer, ich war ebenfalls singend und grölend nach Hause gebrüllt, und mir gings soweit sehr gut. Mit der Ausnahme, daß ich mich – blöderweise – gegrämt habe, weil ich doch von so vorbildlicher Zuverlässigkeit ansonsten bin. Und nun unentschuldigt fehlen. Dieses Elend! Ich hab ja ewig gebraucht, bis ich entdeckt hab, oder nein, bis ich anerkannt habe, daß meine Faulheit eine große Kraft ist, daß ich die nicht

Multipudel

verurteile, sondern hege und als Motor benutze. Triffst du einen in der Kneipe, einen Kollegen, fragt der, was man so macht. Und anstatt beherzt »gar nichts« zu sagen, überlegt man dann, was man da so an Mickrigkeiten vielleicht doch vorzuweisen hat. Dabei weiß ich, daß ich instinktiv immer gewußt habe, im rechten Moment keine Lust mehr zu haben. Was soll der Scheiß? Mit der Kunst ist das sehr schnell so gekommen, ich war zum Schluß zu faul dazu. Das war instinktiv richtig. Damit aufzuhören. Zum Schluß, wo ich schon ganz faul war, habe ich mich nochmal überreden lassen, da war ich sogar zu faul abzusagen. Da habe ich schon gar nichts mehr hingeschickt, nur einen Errata-Zettel und den Titel. Das war: *Die kürzeste Theke der Welt und das kleinste und das zweitkleinste Reisebüro der Welt zu sehen auf der zweitkleinsten Ausstellung der Welt in der kleinsten Buchhandlung der Welt in einem der kleinsten Länder der Welt mit einem der längsten Ausstellungstitel der Welt von einem der unbekanntesten aber bedeutendsten Künstler der Welt.* Ich bin nicht mal mehr selbst hin, habe paar Fotos (Abb. 2 & 3) geschickt, nicht die Sachen selbst, alles reine Faulheit. Hat man sich vorgenommen, gar nichts mehr zu machen. Das war ne Erleichterung. Diese Kunst, das ist sowas Humorloses. Und solche Wörter wie Performance! Was ich mal fürn Ehrgeiz hatte! Nee, Ehrgeiz nicht, aber Schwung! **Ausladende**

Marktbreite

Lärchen (Abb. 149). Wie das so geht. Telefon. Ob man ran geht. Manchmal ist da weiter nichts zu entscheiden, da geht man natürlich nicht ran. Bei Weltschmerz. Wenn man wie ein Schatten verkatert durch die Bude schleicht. Oder stinkfaul auf dem Futon verwest, im Heideggerschen Sinne natürlich und vorerst. Der Weltschmerz ist die Liege des Seins (Abb. 9). Oder: Wer Sorgen hat, hat auch Lacan. Ich habe gelesen, daß sie bei der Bundesbahn eßbares Geschirr und eßbare Verpackungen für ihren Fraß ausprobieren. Das hat was mit Nägelknabbern zu tun, sublimes Nägelknabbern. Manche fressen Popel, kriegen Schuppen groß wie Haferflocken, bloß um was von sich auffressen zu können; ein unbewußtes Entgegenkommen eigenerseits, um endlos in Schwund zu gehen. Das kann man heute auch mit dem Telefon, sich temporär in Nichts auflösen. Und wenn man gerade beim Schuppenfressen ist, klingelt meistens nicht, aber manchmal doch das Telefon. Man würde ja rangehen, wenn man wüßte, wer anruft. Das wäre eine wahre Neuerung, wenn man auf diese Scheißtelefone was raufbauen könnte, das einem sagt, wer da jetzt anrufen muß, ein doofes Bildschirmchen, wie es sie an jeder Kaffeemühle gibt, wir sind schließlich eine Informationsgesellschaft (Abb. 60). Gestern sagt Katrin Schings unvermittelt zu so einem komischen Tannenbaum auf der anderen Straßenseite: »Mensch, ist das ne ausladende Lärche!« Da

Coolidge-Effekt

sind wir gleich hin zur ausladenden Lärche, um sie mal näher zu betrachten und auch zu würdigen. Duftig und luftig breitet sie blättrig die Äste aus; aber nadlig! An der ausladenden Lärche hing ein Zettel dran, da stand drauf: »Saufarbener Rauhaardackelrüde entlaufen«! Ich sag: »Sau*f-arbend* ist nicht schlecht, kann ich mich reinversetzen.« Sagt Schings: »Die sind saurar, die saufarbenen!« – »Was?« – »Na, Rauhaardackelrüden!« Worauf ich hinaus will: Es hat sogar die ausladende Lärche einen beträchtlichen Informationsüberschuß (Abb. 128). Und das müßte sich doch auch am Telefon machen lassen. So ist es nun immer eine Überraschung, je nachdem, wie man sich fühlt, eine große oder eine kleine Überraschung. Also da klingelt es nun. Für die folgende Geschichte. Und für so eine Geschichte geht man ran. Weil ›Geschichten‹ kommt von ›Schichten‹, und das Telefon verursacht nicht selten komplexe Neusedimentierungen. Erst- und Umschichtungen. Deshalb muß man ab und zu offenherzig abnehmen, sonst passiert ja bald überhaupt nichts mehr. In der Frühschicht meldete sich eines Tages eine Karin Graf am Telefon. Sie wollte einen »Berliner Kunstreiseführer« zusammenstellen, der bei Kiepenheuer & Witsch erscheinen sollte. Zu Köln und nochwas hatte es schon einen gegeben; die Idee war, daß irgendwelche ortskundigen Künstler, Museumswärter und sonstwelche Kunstkönner Artikel beisteuern.

Scherzartikel I

»Sie können machen, was sie wollen, bloß bitte zum Thema Performance!« Da ham wirs wieder! Und da es nun eine Belohnung geben sollte, sagte ich zu, obgleich ich automatisch zum Buschmesser greife, wenn ich das Wort Performance höre. So ein blödes Wort! ›Perforation‹, das hat ja noch Anmut, weil da steckt was Nützliches und Bescheidenes drin, jedenfalls was die Bedeutung im Zusammenhang mit Klopapier und Briefmarken betrifft. Es gibt auch eine Perforation, da wird der Kopf von einem toten Säugling im Bauch operativ zerkleinert, damit man ihn rauskriegt. Womit wir wieder beim automatischen Buschmesser und bei Performance wären. Also das Wort ist hochstapelblöd, und deshalb mußte eine Unterschichtgeschichte her: Überschrift: **Kotzen-Nutzen-Rechnung** – *Zum Thema Performance.* Und dann gings los: »Da wir ja nun so vielbeschäftigt sind, brauchen wir die Plastiktüte für unterwegs. Da ist dann das Stückgut drin, Bücher und so weiter. Ich packe mir also mein Tütchen und marschiere los. Noch im Dschumm, früh. Aber schon vorbildlich nehme ich den Müll mit runter. Nun ist Ordnung immer nur Anordnung. Der Sinn verbirgt sich im Undefinierbaren. Nämlich nachmittags wird entschieden, du schüttest jetzt sofort ein Weizen nach und blätterst ein wenig in der BZ. Wenn das klappt, kommen die Denker, dann wird Simmel und Kosseleck gelesen. Das

Scherzartikel II

sind die Pendants zu Simmel und Konsalik, aber mit Abitur. Nun ist es aber die Mülltüte! Geht das jetzt als Performance durch? Im Dreck wühlen schon, muß aber mit Absicht sein, es herrscht Subjektzwang. Und das müssen wir nun wohl auch kritisch finden. Etliche Jahre her, da hat Richtung Friedenau, bei der oberen Mittelschicht daheim in den schmucken Häuschen, wo der elaborierte Code herkommt, sonntags immer einer Performance gehabt. Zog dann so ein im Bestand ziemlich gleicher Haufen des Sonntags umher, und irgendeiner aus diesem Pulk hatte dann Performance. Das war nämlich jetzt was Neues. Sich in Silberfolie einwickeln oder so was Schreckliches in der Art, symbolisch aufgepumpt, aber doch wieder mit Absicht oder aus Doofheit undeutlich gemacht, weil der Trick ist ja, daß mit der Zunahme an Undeutlichkeit der Erklärungswahn, der Sinngebersadismus triebhaft und schaffensfroh mit anwächst. Vielleicht verhältnismäßig exponentiell sogar. Das könnte man, wenns nicht gar so blöd oft wäre, durchaus als Kunst der Künstler verbuchen. Auch der kühle Kant oder der barhäuptige Foucault forcieren ja die Hitze der Leser besonders an den Stellen, wo sie ziemlichen Quatsch schreiben. Is hier vielleicht auch so. Na jedenfalls sonntags ab nach Friedenau zur Performance an die Oberschicht. Es wurden die Flügeltüren von den Weinkellern aufgesperrt, es wurden die Oliven, wo ja früher genau an der Stelle

Gedämpfte Rotbuche mit Luftsprung

vom Steinchen noch so ein rotes Stückel Paprika oder ne Mandel dringesteckt hat, also es wurden diese Oliven ausgeteilt, Stangenweißbrot von hier bis da und dergleichen mehr mit Schweizer Käse. Zur rauhen Schale von so einer wöchentlichen Kunstversammlung gehört natürlich der gute alte Saufparasit wie du und ich, und da gehörte nun auch der Norbert dazu, der ebenfalls zum Trunke neigte und sich für Künstlerinnen jenseits des Keilrahmens interessiert hat. Und für Oliven! Was nun die Kunststückchen betraf, war Norbert Zuschauer, also möglichst etwas weiter hinten stehen, rechts das Bier, links das Olivenschüsselchen. Er rollte an den richtigen Stellen mit den Augen, und sein markantester Charakterzug war die Bosheit im Dienste der Menschheit. Hier ein Aperçu und dort eine kompakt formulierte Beleidigung. Das war Norbert, und das war nun natürlich schlimm, denn Künstler sind ganz schnell beleidigt. Sie hecheln zwar kreuz und quer ihren Haß gegen den und den durch, und das weiß auch jeder, aber das darfst du nun doch nicht direkt aussprechen, das muß hintenrum geflüstert werden. Macht ja auch Spaß. Nun hatte sich manch einer von den Kunstkönnern schon angepißt gefühlt vom Norbert, und da mußten sie sich auf ihre verquaste Art so hintenrum was ausdenken gegen unsern Norbert. ›Mach doch auch mal ne Aktion, Norbert!‹ Das wars. Sollte er auch mal den Puller zeigen, sich

Klinische Besamung

lächerlich machen. ›Nö‹, sagte er nun aber. Und sie lassen nicht locker, und er sagt immer ›nö‹. Bis ich eines Tages doch höre, wie sie ihn wieder nörgeln, und der sagt plötzlich: ›Gut! Nächsten Sonntag! Ich mache ein großes Essen und halt ne Rede!‹ Ach Gottchen!, dachten nun alle, Essen! Aber gönnerhaft, soll er mal machen, der Norbert. Es ist ja auch so, daß Menschen, die den Hunger nun gar nicht zu fürchten brauchen, ganz besonders auf ein Freisüppchen jiepern. Die kalte Platte eben. Schöne Geschichten von der Menschlichkeit ›all zu‹. Wieland Schmid, früher der DAAD-Boß in Berlin, der soll ja bei kalten Büffets, die er selber über seinen Verein da hat veranstalten lassen, der soll da vor Einlaß selbst fuderweise die Schüsseln nach Hause gekarrt haben, mitm gepumpten Schubkarren vom Kohlenhändler unten. Also Essen auf Nullevert wird im Kunstmilieu sehr positiv aufgenommen. Und da kamen sie anmarschiert, die hungrigen Kolonnen zu Norberts Sonntag. Und nu: Wat kocht er denn? Wat kocht er denn? Und die Fleppen gleich runter: Spaghetti. Na trotzdem, es wird aufgeladen, erst die Nudelknoten al dente, es wird sozusagen gordisch ausgeteilt, und schließlich wackelt unser Noppe noch höchstpersönlich mit der Tomatenplempe die Reihen entlang und gibt uns das Rote. Und nervös vor Gier noch dicke Schichten Käse rüberrubbeln. Und los. Wir drehen da so lustig die Gabeln an

Zwei Bergspitzensammlerinnen

den Löffeln rum, und Noppe legt los mit seiner Rede. Kunst heißt, etwas von sich geben. Etwas Bataille, etwas Diätessay, er entwickelt Furor und bekommt schon Feuer ins Auge, wir sind halb fertig, und er echauffiert sich so langsam und brüllt schließlich ›Kuuunst!‹ brüllt er, ›Kuunst! Heißt etwas von sich geben. Und deshalb habe ich in die Tomatensoße gewixt!‹ Rumms! Alle schauen entgeistert den Norbert an. Die Spaghettis baumeln wie tote weiße Beinchen von den Oberkanten der Unterlippen runter. Kotzen oder Jubeln? Diese sonderbare Performance hatte nun tatsächlich Verwirrung gestiftet und den ganzen Haufen in zwei Fraktionen gesondert: Die Genies, die Säufer und Schmarotzer grölten. Dem Rest war schlecht. Nun muß Performance nicht grundsätzlich so gemein sein, um Klasse zu haben. Ich geb mal ein Beispiel, wie einmal Performance passierte im normalen Leben und wir Zuschauer sagen konnten ›Donnerwetter!‹. Das hatte Klasse und war nicht langweilig und nicht aufwendig und hat uns auch nicht weiter aufgehalten. Wir hatten mal wieder Vollmond, und wir waren zu dritt unterwegs übern Hermannplatz von einer Gaststätte in die andere. Es war vom ›Bierpunkt‹ Luftlinie rüber zum ›Hammer‹. Auf diesen früher mal ganz feinen Platz haben sie ein Denkmal gestellt, eine Plastik, aber aus Stein, und oben dreht sich einmal in der Stunde so eine nackte, abstrakte Figur. Abstrakt, aber man

Lufthutzenattrappe

kann doch zumindest den Arsch ausmachen. Der dreht sich da oben, daß wir alle was davon haben. Was fangen wir nun damit an, fragte sich schließlich ein ganzer Stadtteil, mit so einem Scheißding da? ›Es soll uns dienlich sein! Und zwar als Tagesorakel!‹ War die Idee. Man latscht ja immer ganz unvermittelt auf den Hermann. Zack! Steht man auf dem Platz, oder auch nicht. Nun heißt es: Trittst du auf den Hermannplatz, und dein Blick fällt direkt auf den Arsch der Plastik, so wirds ein schröcklich Tag heuer! Ist hingegen der Arsch dem Blicke abgewandt, so solls heuer erträglich werden. Ein gutartiges Orakel, denn von einem Punkt aus betrachtet, siehst du den Arsch direkt höchstens zehn Minuten pro Stunde. Wir brauchen Trost in Neukölln. So, nun waren wir also unterwegs von der einen zur anderen Kneipe, und das Denkmal hatte den Alfred, welcher bei uns war, das hatte den wohl spontan inspiriert. Der hatte sowieso Talente. Der konnte zum Beispiel eine Bierflasche, so eine mit Kronkorken, die konnte der mit Hilfe zweier Knäckebrotscheiben aufmachen! Das verbürge ich! ›Bleibt mal 'n Moment stehn.‹ Sagt er plötzlich und fängt an, sich auf ein Bein zu stellen, beugt sich vor und spreizt die Arme. Macht so einen Schwanenstand wie beim Eiskunstlaufen, steht aufm rechten Bein, das andere schön hoch und die Arme geflügelt. Sehr anmutig. Immerhin hatten wir schon Stücker zwölf Biere

Staffelsteiner Weg

intus! Also Applaus. Wunderbar, Alfred! Hast du wieder die vorgebliche Tiefe der darstellenden Kunst aufs trefflichste entschleiert! Und nun kam er aber nicht wieder runter auf die Erde, sondern spannte sich innerlich, er drückte und preßte, sein Haupt lief schon rot an. Was kommt nu? Es kam erst mal nichts weiter. Und dann kam aber ein schön lauter und in Tempus wie in Stimmung gut gesetzter Pup! Ein wunderbares Tableau! Kam auch bei den Passanten gut an. Wenn was Ungewöhnliches passiert, bleiben sie ja immer stehen in Neukölln und gucken. Kommt n Blinder oder n Einbeiniger, bleiben sie stehen und gucken. Sobald die weg sind, gehen sie auch weiter. Bei Alfreds Nummer kam aber Beifall! Das ist ungewöhnlich. Hier wurde eine Subjektleistung honoriert, die sich ihrer eigenen Dekonstruktion gewiß ist und sie vorantreibt. Ich bin mal im Bayrischen auch in so einer Richtung verblüfft worden von der Frau Zimmerwirtin. Da ist eine Ordnung, wieder so eine Müllordnung verkehrt worden. Eine Vollpension. In allen Zimmern standen Papierkörbe rum, wo aber im Papierkorb immer noch ein zweiter Papierkorb gleicher Bauart, farblich aber verschieden, noch drinsteckt. Als ich nun mitbekommen hatte, daß hier keine Absichtslosigkeit vorliegt, bin ich mal hin und hab zur Frau Neumann gesagt: ›Frau Neumann, was is hier los mit den Papierkörben zwei in eins?‹ – ›Ach, Herr Kapielski, das is ja

T.V. Hören und Fühlen

schön, daß Sie mal fragen.‹ Es sei nämlich so. Das ist praktisch und sauber. Man braucht immer bloß den Papierkorb oben auskippen und macht nichts dreckig. Oben auskippen, wieder reinflutschen lassen, nichts war dreckig geworden, und nichts wird dreckig werden. Das muß man sich jetzt mal ruhig überlegen. Das ist sowas von feinst-tautologisch, folkloristische Tautologie, dagegen ist ›a rose is a rose‹ nichts dagegen! Man siehts aufm Foto.« Fertig! Ich habs abgeschickt, es ist gedruckt worden. Wir wurden zu Kaffee und Kuchen früh ins Literaturhaus geladen und haben ein Belegexemplar bekommen. Dann haben wir uns alle in eine Ecke gehockt, und jeder hat nochmal seinen schönen Text gelesen und geprüft, ob sein Name auch richtig geschrieben steht, und das wars dann. Zuhause werdens dann alle nochmal durchgeblättert haben, und da schaut man auch mal, was die Konkurrenz so macht und ob das alles nun überhaupt was geworden ist. Es war nix. Grauenhaftes Layout, verbockte Fotos. Die Abb. 124 ham sie nicht genommen, obwohl sie für den Schluß wichtig ist; mir glaubt doch sonst keiner was! Hatte mal wieder einer gestaltet, der die Texte nicht kannte. Aber die waren sowieso meist schal. Das Buch hat nicht gebrummt. Trotzdem hatte das Buch auch seinen Eklat-Text. Die Eklat-Nummer war ein Ding über Klingbeil, den ollen Baulöwen, der nebenbei noch Bilder haut und zwar so

Fremde Sitten

lange, bis Weiberärsche auf Motorrädern in Messing und Marmor daraus geworden sind. Jeff Coons und Carl Schmitt würde das wohl ganz gut gefallen. Ich jedenfalls staune immer, die Klingbeilhämmer haben was von Alfreds Ballettnummern. Die seriösen Kunstkenner finden es natürlich nur scheußlich, und damit haben sie auch wieder gar nicht so unrecht. Die Eklat-Nummer war so angelegt, daß erstmal keiner wußte, wer der Autor war. Ein düstrer Mann aus den Staaten. Und dann kam eine große Lobrede auf Klingbeil, großer Bildhauer, größter des Säkulums. Dabei hassen sie ihn alle. Nach zehn Sätzen mußte aber auch dem größten Idioten klargeworden sein, daß es sich um Ironie handelt. In Wirklichkeit ein bedeckter *Eat the rich*-Aufsatz. Und so war die Eklat-Nummer eigentlich auch nicht dieser neckische U-Boot-Text, sondern seine aus Blödheit unnötig erhitzte Rezeption. Erster Kunstjournalist Thomas W. Wulffen hatte ihn für bare Münze genommen und einen sorgenfaltigen Warn- und Mahntext im zuständigen Stadtmagazin losgedröhnt. Daraus wurde ein Warn- und Mahnchor. Weil viele ja auch Klingbeilhymnen aufs schärfste verurteilen müssen, die sie gar nicht gelesen haben. Oder sie haben das gelesen und sind auch zu blöd zum Lesen. Das war peinlich, und so hat sich diese Zwischengeschichte ganz schnell aufgelöst. Aber das Lachen der Baulöwen war zuletzt das beste! Dann war lange Zeit

Fremde Sittenstrolche

gar nichts. Aber eines Tages, day of the ausladende Lärche, rief Karin Graf wieder an und erzählte mir, daß Wieland Schmid die Sahneschicht des Berliner Anwaltswesens in schiefer Schlachtordnung hat Aufstellung nehmen lassen wider den Autor Kapielski, als auch gegen die Herausgeberinnen und den Verlag des Berliner Kunstreiseführers. Nanu, denke ich: Das müssen Reize sondergleichen sein, die einen Greis in solches Feuer setzen! Was is nu los? Na, weil ich in meinen Text ein Gerücht über Wielands Verhältnis zu Kalten Buffets eingestreut hatte. Und das eigentlich nur, weil ich diesen gnadenlos hochgelobten Mann mal von seiner menschlichen Seite hatte zeigen wollen. Spende ihm endlich auch mal den *Ecce Homo*-Trost, dachte ich, denn als ich meinen Beitrag baute, da war Wieland gerade verabschiedet worden vom Chefposten beim DAAD, wo er für die Förderung der Künste und Künstler in Berlin zuständig war. Täglich konnte man in der Zeitung lesen, was Wieland für ein außerordentlich großer tadelloser Mann sein mußte und wie sehr der Verlust eines solchen Menschen Berlin schmerze. Das nahm gar kein Ende. Da mußte man doch denken, entweder der Mann ist tatsächlich ne Bombe, mit allen Vor- und Nachteilen von Bomben, oder der muß ganz herzlich und plötzlich weggelobt werden. Beides ist verlogen. Denn da fällt einiges unter den Tisch. Und da sitzen aber schon welche und

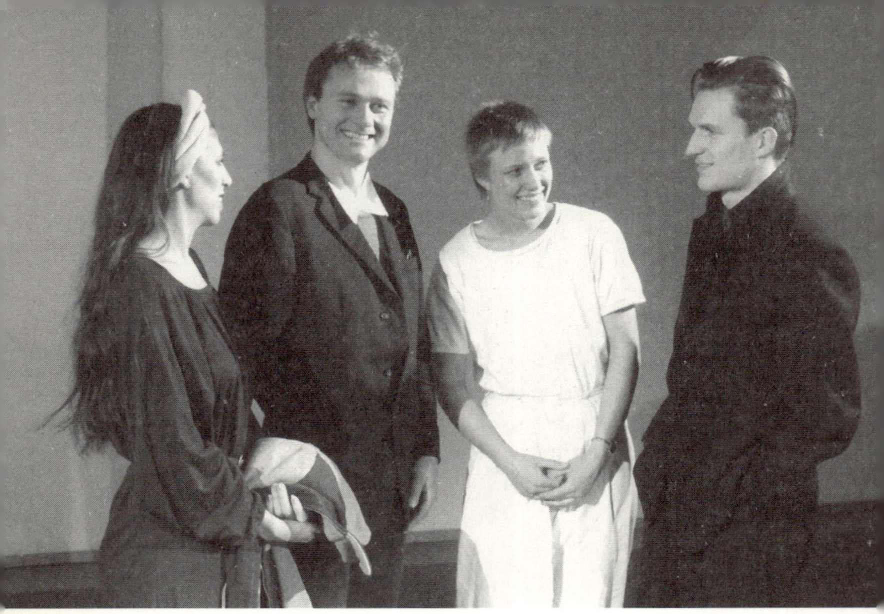

Stalin mit Kirow

sehen das. Und zwar die Künstler, denn die haben den ganzen Tag Zeit, unter den Tischen nach Brotkrumen zu klauben, herumzutelefonieren und auf Eröffnungen rumzustehen, und da entgeht ihnen nichts! Leute, die jahrelang Collage gemacht haben, sind auch nicht schlecht in Kolportage. Und da um die großen Meister herum allerlei Wasserträger beschäftigt werden müssen, hört man auch mal dies und jenes von Wieland beim Kalten Buffet oder Geschichten, wie Wieland einmal als Weihnachtsmann beim Julklappfest im DAAD versagt haben soll, weil er die Namen von untergebenen Mitarbeitern nicht wußte, es dann aber doch noch hingekriegt hat, indem er einen Unterweihnachtsmann eingesetzt hat, der wußte, wie sie heißen, die langjährigen Mitarbeiter im DAAD-Team. Sowas ist inoffizielle Geschichtserzählung. Die offizielle Geschichtenschreibung weiß davon nichts; oder sie ist einfach klug und schreibt nicht, sondern erzählt, irgendwo mal am Kalten Buffett unter sechs Augen. Das erspart Ärger und macht Freude. Und ist auch für die Betroffenen nur von Vorteil! Denn die Kolportage macht jedes Genie sympathischer. Deshalb sorgt man, was die eigene Person betrifft, auch am besten gleich selber für Hintergrundinformation. Nehmen wir mal an, Wieland Schmid schreibt einen Artikel, und da steht plötzlich: »Kapielski, früher Kunstarsch der Regionaloberliga Berlin, der soll ja bei Frei-

Ohne Kirow

bierfesten, die er auch noch von Galerist Petersen hat finanzieren lassen, der soll da vor Beginn selbst literweise das Bier nach Hause geschleppt haben, in gepumpten Ölkanistern vom Heizölhändler unten.« Dann hätte ich da doch nichts dagegen! Selbst wenn das stimmt. Und erst recht, wenn das **nicht** stimmt! Als Künstler stelle ich mich doch schützend vor die Freiheit der modernen Sprachkünste als auch Kunststücke. Wo doch nun die Kolportage die Fortführung der Collage mit anderen Mitteln ist; in Sinne eines erweiterten und ins Kunstsoziologische erweiterten Kunstbegriffes, ums mal dumpf zu sagen. Sowas muß einfach gesagt und gemacht werden können! Weil sowas ist Kunst. Wir können doch nicht bei Blutwurst und U-Bahnbesprühen stehenbleiben. Ich kann doch über zweifelhafte Wahrheitsbegriffe nicht wieder sowas wie »entartete« Diskurse in die Welt setzen. Oder kleine Schwächen kriminalisieren. Außerdem: Was sind denn das für humorlose verbiesterte Arschlöcher überhaupt, die sowas nicht verknusen können!? Es ist auch nicht richtig, alles immer nur positiv zu sehen. Zumal, wenn man selber offiziell immer nur positiv dargestellt wird: »Der Kapielski, das ist so ein **feiner Mensch**!« Wie man das ständig hört, das gibts sogar schon auf Schallplatte, ehrlich! Das geht nicht, da muß ein Ausgleich her, da muß doch einer über meine Menschlichkeit und Allzumenschlichkeit was schreiben

Häuser mit Geschwüren

dürfen. Ich hab doch auch das Recht, ein Arschloch zu sein! *Casca il mondo!* (Abb. 55) – Quatsch! Da bricht doch die Welt nicht zusammen. Aber was macht umgekehrt ein großer verbeamteter Mann der Kunst? Er kriegt ständig Freiexemplare von allen möglichen Verlagen, obwohl er das nicht nötig hat. Die stapeln sich wahrscheinlich im halben Jahr so hinauf, daß man sie mal durchsehen muß, bevor man sie dem Antiquariat verkauft. Und ich würde da immer nur gucken, ob hinten im Index mein Name drin steht, und die betreffenden Stellen studieren. So könnte es passiert sein, daß Wieland überhaupt auf seine Stelle in meinem Text gekommen ist. Im Kunstreiseführer gabs zwei über ihn: eine dieser Lobe-Stellen von Heinz Ohff, wo steht, daß Schmid irgendeine »Rückbesinnung einläutete«, und meine, wo dieser wirklich gelungene Blödsinn mit der Schubkarre steht. Wieland, der ein großer Freund Thomas Bernhards gewesen sein soll, und das ist nun natürlich ein Ding, weil *der* alte Zausel ja nun stänkern durfte, was das Zeug hält, also der hat nun nicht gelacht oder gedacht oder heimlich den Namen Kapielski in die schwarze Privatliste eingetragen, um ihn dann bei Gelegenheit mal bissl zu quetschen, eben so, wie ein normaler Mensch das heutzutage macht, nein, er soll zunächstmal seinen Nachfolger Sartorius angerufen haben, um den zu fragen, wie er es zulassen kann, was seine Frau da macht. Kleiner Treppenwitz

Häuser mit Geschwüren und Kanten

ist nämlich, daß Schmidnachfolger Sartorius der Gatte der Herausgeberin Karin Graf ist. Na, da wird Sartorius wohl hoffentlich zurückgebrummt haben, daß es Sache seiner Frau ist, was sie da herausgibt. Wo leben wir denn? Und was soll denn die moderne Frau davon denken? Ich meine, wenn das überhaupt stimmt, ist es auch schon wieder hervorragend. Sowas kann nicht jeder! Und dann soll Wieland in Bonn, bei den DAAD-Generälen angerufen haben, um zu hören, ob ihm da jetzt Schwierigkeiten entstehen könnten. Ja, was denn? Abmahnungen oder einstweilige Erschießungen wegen Kalten Buffet-Klauens? Na, das wäre 'n Ding gewesen. Da hätte ich sofort was gegen unternommen, aber so sind sie nicht in Bonn, das ist nicht Generalsart. Andererseits frage ich mich, warum denn eine, die Kalten Buffets betreffend reine Seele überhaupt wissen muß, was bei Vergehen gegen die Kalten-Buffet-Sitten – und die sind sowieso recht verroht, also braucht man so schnell kein schlechtes Gewissen zu haben – was da für Sühne fällig wird. Nun habe ich gehört, daß Wieland auch gelernter Anwalt ist. Und da hat mich dann doch erstaunt, aber auch wieder nicht erstaunt, daß er ein Verfahren haben wollte. Gegen einen Künstler und sein Kunstwerk. Gegen eine Minimal-Kolportage. Da muß man doch sehen, daß das nach hinten losgeht! Und daß es für die Künste nicht förderlich ist! Jetzt die oberste

Arsch klug

Schicht. »Bitte, Herr Kapielski, schreiben Sie einen Brief an den Rechtsanwalt Rauhe.« Karin Graf. Ich sollte es nachträglich drosseln (Abb. 50). Um die Klage zu vermeiden. Nun will ich gar nicht stänkern, aber für das etwas fußmüde Buch wär doch so eine Entwicklung nicht schlecht gewesen. Ein Buch mit so einer Klage am Arsch, da kann doch kein Verleger klagen. Ein wenig künstliche Aufregung, und wir kriegen einen Auszug in den Spiegel, und die Kassen klingeln. Das wollte nun keiner; man sollte vielleicht auch kein schales Buch hochquirlen und sich auch nicht auf jeden blöden Streit einlassen. Ich bin auch kein Freund von Gerichtsverfahren und kann mir sowas auch gar nicht leisten. Also setzte ich einen Schrieb auf, daß es fiktiv und literarisch ist, die Kalte Buffet-Geschichte. An den Rechtsanwalt Rauhe. Ich dachte, ich schreib mal an Herrn Dr. Rauhe, damit er, falls promoviert, so richtig rundum zufrieden ist. War er natürlich nicht. Gedoktert schon, aber nicht zufrieden. Weil der Doc Rauhe soll sich dann wiederum beschwert haben bei der Herausgeberin Graf, daß ich seinen Namen falsch geschrieben habe. Da muß er doch schon zu denen gehören, die erwarten können, daß man ihre Namen nicht falsch aufschreibt. So empfindlich sind manche, und da muß man aufpassen, weil der Raue ist auch irgendso ein Kunstvorsitzender und Großmeister und die nachm Hl. Augustinus vorgesehenen sieben Stufen

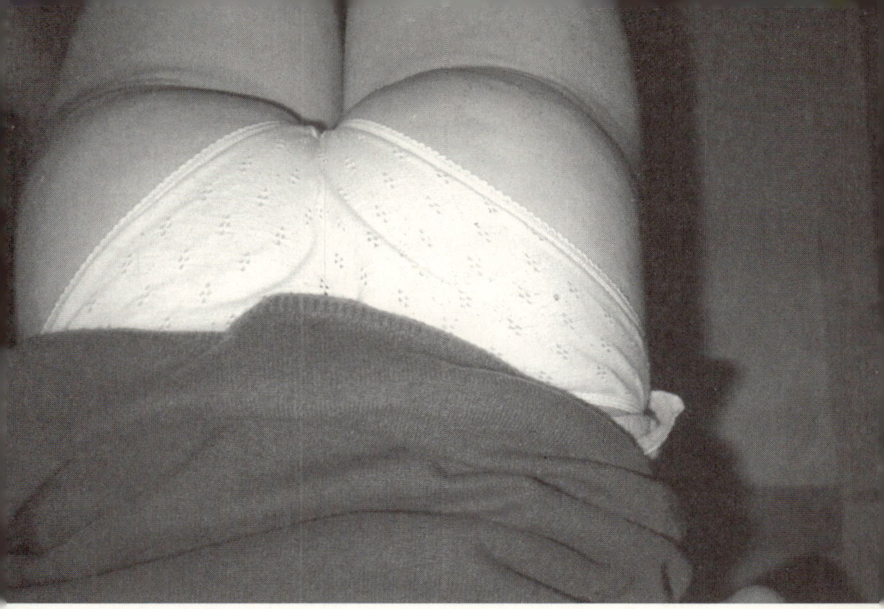

Buch doof

zum Künstlererfolg Richtung *civitas dei* (Abb. 136) führen bestimmt auch bei Raue vorbei. Außerdem ist er auch noch Anwalt, und die prozessieren leicht, davon leben sie ja. Da bleibe ich lieber demütig, wie ich nun mal bin (Abb. 81). Und das mit den Ölkanistern und dem Freibier, das stimmt ja auch nicht, aber ich habe immerhin mal der Freien Universität ein Kamel vermietet! Und das stimmt sogar. Das hatten wir aber schon. Was wir noch nicht hatten, ist die Geschichte mit den Schafen. Zweimal hatte ich im Leben professionell mit Tieren zu tun. Einmal mit Kamelen, das war die Geschichte im Tschad, und dann mit Schafen und das war oben in Norddeutschland. Da hatte ich zwar nur zwei Wochen zu tun, weil das eine Saisonarbeit ist, aber das war schon was ganz Besonderes, weil, und darauf bin ich nun ganz stolz, weil das eine Arbeit war, die sonst traditionell den Dorftrotteln vorbehalten ist. Der betreffende Dorftrottel war verhindert, ich weiß nicht mehr warum, also bin ich für ihn eingesprungen. Ein Onkel von ner früheren Freundin hatte oben in Dithmarschen an der Küste in der Nähe von Heide Schafe besessen, die weiden an der Wattküste entlang die Deiche ab. Da sind dann ohne Zäune und so die Schafe von der ganzen Gemeinde und allen Bauern zusammen und grasen auf den Salzwiesen und Deichen, man erkennt sie später am Brandzeichen als die seinen. Das zieht sich Kilometer hin, und auch für Schafe gilt

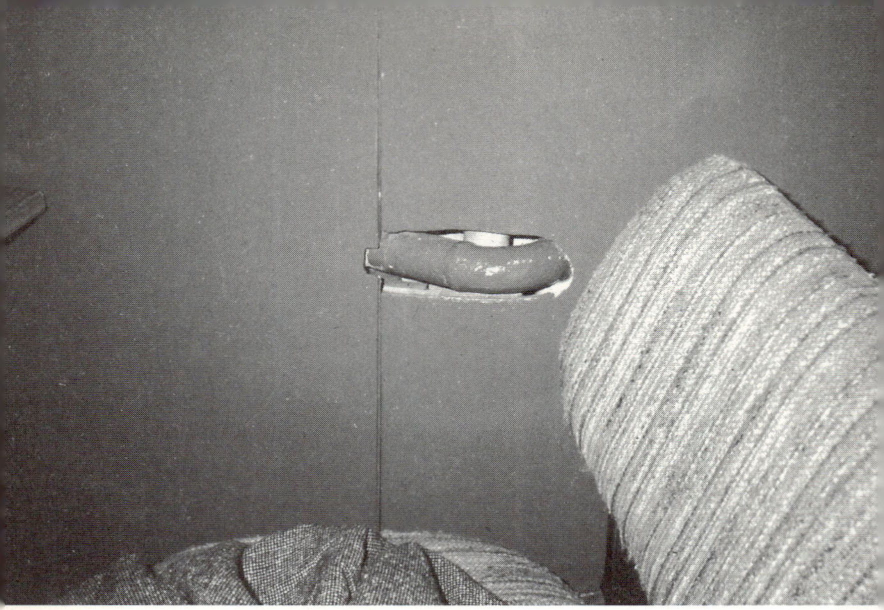

Wiederkehr des Verdrängten

›Murphys Gesetz‹, nämlich: Was schiefgehen kann, geht auch schief, und so gehen sie denn schief die Deichhänge entlang. Jetzt gehts um Folgendes: Kurz vor der Schur, und das ist in der nassen Jahreszeit, so Ende April, da sind diese auf Wolle hochgezüchteten Viecher am Ende derart bepackt mit Fell, das sich dann bei Regen auch noch mit Regenwasser vollsaugt, und da werden die so schwer, daß sie bei Wind umkippen und nicht mehr von alleine hochkommen. Da kommt »Hui!« ne Bö, und sie kippen um, wackeln erst noch son bißchen blöd auf der Seite rum und bleiben dann aber duldsam liegen. Sie wissen schließlich, was kommt: Der Dorfdepp kommt! Da können sie sich drauf verlassen. Da muß dann der Dorftrottel früh um fünf und, wenns stürmisch ist, alle drei Stunden über die Deiche latschen und die umgekippten Schafe wieder aufstellen. Dieser Dorftrottel war jetzt ich. Du läufst oben aufm Deich lang und hältst Ausschau nach umgekippten Schafen, und dann packst du sie mit beiden Armen von unten und stellst sie wieder auf ihre dünnen Beinchen und dafür kriegst du einen derart dankbaren Blick, so voller Einfalt, aber mit der englischsten Engel keuschester Anmut, daß es dich schier hinhaut (Abb. 81). Es macht dann auch nichts, wenn sich die Schweine anschließend gleich wieder vorsätzlich fallen lassen. Sie drücken damit ihre Dankbarkeit und Freundschaft aus. Eine schöne Arbeit! Es sind ja auch

Durchsetzungsvermögen

alles Geschmacksfragen. Also DE GUSTIBUS-Fragen nochmal. Es ist aber schon mal festzuhalten, und das habe ich öfters erlebt, bei Gott!: Diese Menschen, die an den Nippeln der Kunst saugen, die Kommentierer, die Verwerter, die Verwalter und selbst die meisten Künstler selbst sind arschtrübe, humorlose Typen! Eine Provokation lieben sie schon. Wenn Duchamp da ein Pißbecken hinstellt, na da wird weise gekeckert. Und das Image: »Der Mann versteht was von Kunst!«, das nehmen sie auch gerne mit. Aber nun piß mal so einen an! Boing. Nicht mal eine zärtliche Rempelei vertragen die! Dabei mußt du sie privat erleben oder beim Kampf um die Stellen, Haushalte, Zeilenhonorare, um die Hummerschwänze, Weiber, Burschen und Fensterplätze. Das ist so komisch, weil sie ja so die Gralsgarde zum Schutze des Anderen immer herauskehren und für Vostells Cadillacdenkmal auch schonmal auf die Straße gehen; mit häßlichen DGB-artigen Schildern allerdings, und da siehst dus schon wieder, wie verbeamtet das in Wirklichkeit ist. Oder mach mal als einfacher Mensch sonem Arsch die Badewanne aus Versehen sauber (Abb. 155)! Big schlimm! Da wirds ernst, denn es geht im Grunde um Schattenplätzchen unter der Schweinehälfte. Jetzt siehst dus ja besonders, wo die Ostgoten auch alle sowas haben wollen, Rente, eigene Büros, Stipendien und Parkplätze. Vielleicht gewinnen wir insgesamt mehr

Bioladen (Wurst alle)

Kraft durch Schadenfreude. Und ich sage ja: »Die Doofheit ist die Fortsetzung der Intelligenz mit andern Mitteln.« Im guten Sinne, meinerseits; wenn nötig, stell ich mich doof. Das ist dann aber schon eine Intelligenzleistung! Hochbedachte Einsicht an die grundsätzliche Idiotie und Einfalt des Daseins der Dinge und alles sonst, was es so an Fatum gibt. Das gilt auch für Zeichen und Wörter. Wenn jemand »Verzweiflung« sagt, dann sage ich: »Verdreiflung! Mindestens!« Oder im bösen Sinne die niederträchtige Blödheit der vorgeblich Intelligenten. Unsere Vor- & Leitbilder. Die gemalten und die bezahlten. Wenn Hegel geahnt hätte, wie grauenhaft sein dialektischer Mechanismus Wirklichkeit wird, zum Laufplan und zur Wahrnehmungsschablone eines schrecklich durchgeregelten deutschen Nationalrationalismus, dann hätte er sich vielleicht doch fürs Vielerlei und gegen den Fortschritt entschieden. Ganz Unschuld des Werdens bei einer luziden Haschprise; er hat ja Haschisch in den Schnupftabak untermischen lassen, vom Fachhandel, Apotheke; so waren die mal! Laudanum, AN1 und alles. Aber nun ist er leider der erste Digitaldenker und fuchtelt regulierend als böser Geist in jeden Scheiß mit rein, und auch diese alles nivellierenden Pro- & Contra-Sendungen im Fernsehen, die uns systematisch auf zwei Sicht- und Meinungsweisen reduzieren, das kommt von Hegel. So ist das eben. Heute haben wir

Der Weg nach oben

die Fuzzys und eine zunehmende klugscheißende Betriebsnudelei! Und ständig müssen »die neuen Medien« herhalten und dann diese ständigen Reinheitsgebote der Zufälle und diese häßlichen Mandelbrotbäume (Abb. 149)! Andererseits hat es was richtiges mit den Mediengeschichten. Nach dem kühlen Ost-West-Krieg als exemplarische Dialektik nach Hegel kommt die Ära der globalen Dorftrottelei vermittelst Medienmassage. Oder ist schon. Es vermischt sich ja auch, diese Pro & Contra-Eichung findet ja im Fernsehn statt. Es gibt allerhand Regulierungsmöglichkeiten um die Aussagen im Rahmen zu halten. Wie auch immer, es bleibt der Effekt, daß öffentlich jeder nur noch bedingt schreibt und redet, was er sagen wir mal privat oder gedanklich gebracht hätte. Die mit Häme und Angst niedrig gemachte Stammtischquatscherei ist doch eigentlich der Ort öffentlicher Ehrlichkeit, egal mal, was da kommt. Da träumt doch ein Politiker von. Als Alptraum und heimlicher Wunsch nach entspannter unkontrollierter Rede. Denn hinter dieser Redekontrolle und Schreibkontrolle steckt ja auch die gute Absicht von unten nach oben. Man weiß, wer das Wort führt. Und so ist ein Politiker bei Strafe des Skandals und Spektakels zur totalen linguistischen Selbstkontrolle gezwungen, weswegen er lieber nichts sagt beim Sagen. Das risikolose Gelaber. Damit haben wir sie aber in der Zange. Das ist eine Macht

Da arbeitet mein Geld! (Hat gerade Ferien)

von unten. Aber der Preis dafür ist die Undeutlichkeit, mit der die Schweine dann ihre Aussagen machen. Sie reden alle gleich. Wir wissen nicht mehr die Grade der Arschlöchrigkeit einzuschätzen. Und dieser sprachliche Schwitzkasten kehrt sich gegen unten, wenn man ihn dort gleichermaßen unten gegen unten anwendet. Ich meine, hier unter uns, muß alles in Klartext gesagt werden können. Wenn man sich mit einem unterhält, will man einfach nicht, daß sich der kalkuliert verstellt. Naja. Oben, unten. ›Unten‹ gehts auch grauenhaft zu. Wie man mal »Alle Macht dem Volke!« fordern konnte, wird mir immer schleierhafter. Das ist ja die reinste Fallsucht. Jedenfalls, wenn einer seinen miesen Schweinewitz loswerden will, soll er das tun. Das interessiert mich dann auch. Wie kommt sowas. Und ich hör ihn mir auch deshalb an und werd für fechten, daß er erzählt werden kann, weil ich nicht will, daß er da in so einem vermauerten, versteckten Kopf weiterfault. Wobei wir bei der erziehungsdiktatorischen Sprachpolitik der **Grünen Khmer** gelandet wären. Die in der öffentlichen Rede, aber auch privat wirksame Spracheugenik, die von innen wirkt und zwar freiwillig, selbstkontrolliert. Das können wir nicht gut finden! Denn in den Momenten, wo ich unkontrolliert rede, blitzt vielleicht das Luzideste auf, was ich überhaupt je zu sagen habe. Übrigens ist nur schlichten Gemütern die Verbindung von Gaskammer und

Früher, als es noch kein Fernsehn gab

Disco empörlich. In Paris heißt es eine ›bain douce‹. Deshalb brauche ich Tricks, sich Doofstellen meinetwegen oder die innere Zensur wegsaufen, damit endlich jeder meiner kleinen oder großen Scheißfehler mal einfach so dasein darf und ich ihnen ihr kleines Scheißfehlerleben gönne, und selbst da wird noch was sein, ein kleines Aufglimmen eines verwirrten Zeichens. Und wenn es das böseste ist, dann ist es eben das böseste oder blödeste. Da sag ich doch einfach: »Na sag mal!« Außerdem gilt: NON COGITO ERGO NON SUM! Allerdings wird man sich auf neue Schweinetechniken der Sprachregulierung einstellen müssen; das wird mal alles unter dem Motto »Du kannst sagen, was du willst – ob du willst oder nicht!« laufen, und dann können wir aber abpissen und am besten schweigen wir dann. Lallwort »Wille«. Für die Politiker sollte man sich vielleicht mal was Neues überlegen. So eine Art Mönchstum. Zölibat, und ihren Kontakt zu Geld absolut tabuisieren. Und dieser Demoskopismus gehört verboten. Das ist die alte Firma Wirst & Warst. Da stehst du machtlos vis-à-vis. Dann doch lieber mildernde Umstände und **Schafrichter in Husum** (Abb. 1). Raunt da nicht was? Ja, da raunt es: »Kapielski meckert nur rum, soll er es doch besser machen, das Arschgesicht!« Über den letzten Vorwurf läßt sich reden, was aber das Bessermachen angeht: Das hatte ich doch schon! Das hatten wir doch schon, wir

TV 1958

hatten ja eine ganze Gruppe zum Besser-machen zusammengetrommelt, die besten, die es gibt für sowas! Alles verbesserte Ausführungen der besten Bessermacher. Das war aber erst mal gar nicht offensichtlich, das war ja erstmal so ein ganzer trauriger Pulk von Menschen, die gerade direkt oder indirekt aus der bigotten TAZ rausgeflogen waren, dort brauchte man ja jahrelang Leute, die es besser wissen, da kam die gute Ausbildung zum Klugscheißer her; aber da herrschte nun die traurige Stimmung der Verkanntheit unter den Guten, ständig wurden bei Schnaps, Bier und Pellkartoffeln die Wunden geleckt. Wir haben uns ständig getroffen und uns darauf geeinigt, daß die andern alle Idioten sind und wir essen Pellkartoffeln, basta! Das war irgendwie merkwürdig mit den Pellkartoffeln (Abb. 51). Ständig diese Pellkartoffeln mit Quark und Leinöl. Das sollte wohl sagen, wir sind die beleidigten und unterdrückten Kartoffelesser! Wir haben geweint beim Zwiebelschneiden! Und weil mir das gestunken hat, ich habe ja auch ständig diese blöden heißen Pellkartoffeln von links nach rechts und rückwärts hin und her gepustet, das hatte kein Ende genommen, das Gejammere, da bin ich eines Tages zu Frank Barth ins Bethanien-Künstlerhaus oder, wie ich immer lieber gesagt habe, in das Künstlerhaus Potemkin (Abb. 10) oder manchmal auch in den Panzerkreuzer Bethanien (Abb. 12), hat sich leider nicht durch-

TV 1938

gesetzt der Spruch, kann man auch nicht zwingen, dabei stimmts! Also ich ins Künstlerhaus Potemkin zu Frank Barth und habe zu ihm gesagt, lieber Frank Barth (Abb. 139), wir brauchen jetzt dringend einen Raum und ein Förderstipendium, weil wir jetzt was ganz Großes aufziehen wollen; die Industrie wirds sowieso fördern, daß es nur so kachelt, denn wir wollen ja alles verbessern; die lauern auf so Gruppen wie uns, die suchen schon (Abb. 53). So habe ich wenigstens und mindestens so heftig angegeben wie bittgestellt. Sowas hatte ich nun noch nie gemacht. So ein forsches Antichambrieren; sowas kannte ich gar nicht, wollte ich auch nie. Ich habs immer gehaßt, diese blöden Künstler, die nichts können, als um Geld zetern und Witterung auf Gelder entwickeln, daß du denkst, sowas Peinliches, gibts denn das überhaupt? Obwohl es nicht wundern darf. Wer die Sturheit besitzt und um Einlaß in eine Kunsthochschule winselt, der wird sein Leben lang diese Haltung beibehalten, dieses ewige Quetschen, Fordern und Zetern. Sich so langsam nach oben jammern, so wie ichs inzwischen begreife, wie das ›Büro Berlin‹ es ewig und einen Tag gemacht hat, ewig Rumflennen, die Verkannten und der blinde Kunstbetrieb, Vati ist gemein, er hilft uns nicht. Scheiße! Das geht so lange, bis sie in die erste Liga aufgestiegen sind und sicherheitshalber dann auch noch. Derweil laufen sie bei den vorgeblichen Ver-

Der Rembrandtfleck bei ›Hoeck‹

kennern ganz gut als die ewig Verkannten; damit heimst du reichlich Fürsorge ein. Es tut jedem einflußreichen Arschloch ab und zu mal gut, einen von den berühmteren Verkannten zum Bekannten zu haben und als Entdeckung rumzureichen. Es ist ja auch überhaupt sowas Bescheuertes, Kunst zu studieren. Also erstmal dieses Getue um den Einlaß in diese terpentinstinkigen Gebäude. Mit diesen doofen Mappen. Alle die auf diese Gebäude anrennen, kommen sich ja von vornherein wie die Genies vor; sie hatten in Rechnen eine fünf und in Malen eine eins, und da denken sie: Künstler! Ach was, Scheiße! Da kommen sie mit ihren Mappen, apportieren ihre vielleicht sogar noch vom Hauch des Frühwerks und der Naivität geadelten Blätter; ich meine jetzt Marionettentheater, Kleist, also noch der Bärentanz, aber der wird den Arschlöchern, den armen, gleich ausgetrieben, darum gehts doch beim Studium der Künste. Da machen die Idioten drei, vier Anläufe, um da reinzukommen! Und dann kommen sie vielleicht auch rein, wenn sie diese widerliche Sturheit besitzen, eben die Urform des späteren ewigen Antichambrierens. Und schnappen gleich völlig über, denken, sie sind Genies, weil sie es in diese Terpentinhallen geschafft haben, reinzukommen. Dabei müßten sie da schon mißtrauisch werden. Denn da sitzen die Töchter vom Thomkins und da sitzt die Tochter von der Neuen Deutschen Prächtigkeit

Geviert für Martin H.

und überhaupt sehr viel künstlerisches Throngefolge, da kann doch was nicht stimmen mit der Mappenbeurteilung, da können doch nicht die Gene immer nur ausschlaggebend sein. Und dann wirst du im Laufe der Jahre terpentinsüchtig, sie kommen alle nicht ohne ein sogenanntes Atelier und ohne diesen ewigen Gestank aus. Das ist der Effekt des Kunststudiums. Ewige Abhängigkeit von Raum und Rummacherei. Jede Beweglichkeit geht flöten, und der ewige Mangel ist dein geistiger Horizont, woher dann das Gezeter kommt: Das Atelier zu klein, zu teuer, uh! Verschwörung! Neuer Trend! Alles wegschmeißen, neumachen. Kacke! Also es hatte mir gereicht, daß wir dieser blöden TAZ so nachgetrauert haben, diesen Pellkartoffeln! So bin ich eben zu Frank Barth und wollte die Untermiete mit Taschengeld im Panzerkreuzer. Hat er prompt gemacht. Ich dachte erst, Mensch, jetzt gehst du öfter mal so forsch quetschen, ich schaffs aber nicht mehr, ich bin wieder schicksalsergeben und habe vor paar Wochen übrigens 523 Mark im Lotto gewonnen! Ganz clever, mit Permu-System. Früher, als ich noch im Leinestübchen verkehrt habe, das ist ewig her, da hatte ich mal so einen schriftstellerischen Ehrgeiz entwickelt gehabt und den ganzen Tag getippt zuhause. Von früh bis spät. Nach ›spät‹ bin ich ins Leinestübchen gegangen zum Biertrinken. Da haben sie gesagt: »Was tust du denn bloß den ganzen

Karmansche Wirbelstraße

Tag?« – »Ick tippe.« Sagte ich dann. Aber öfters auch: »Ick tu tippen!« Da haben die Freunde »Aha!« gesagt, und dann haben wir uns weiter unterhalten und sie mich nicht weiter blöd ausgefragt. An den anderen Tischen haben sie dann berichtet: »Der Kapielski spielt Lotto, den ganzen Tag!« Das war ein schöner Irrtum, mit dem man gut leben konnte, weil keiner fragt: »Was tippst du denn für Zahlen?« Während sie einen bei Literaturproduktion ständig aushorchen, was man denn tippen tut. Trotzdem spiele ich weiter auch Lotto. Ich bevorzuge Zahlen über 31, da ist der Sechser mehr wert als bei Zahlen unter 31, weil alle gern Zahlen unter 31 nehmen, wegen der Geburtstage. Sie tippen 28, 9 und 6 und 8, weil sie zufällig am 28.9.68 geboren sind. Dann kommen die Daten der Eltern und Kinder. Im nu sind sechs Zahlen unter 31 auf dem Lottoschein gekreuzelt, und wenn es dort unter 31 nun einen Sechser gibt, dann müssen sich den die ganzen Geburtstagler teilen, während ich oben über 31 den ganzen Sechser absahne und vielleicht noch den Jackpot dazu. Vorbereitet bin ich ja. Von mir aus kann die entsprechend richtige Ziehung stattfinden. Das wird mich nicht aus dem Häuschen bringen, aber ins Häuschen, denn ich werde mir ein Häuschen leisten! Weil ich habs satt, das Nomadische, ich setze auf Immobilie inzwischen. Das ist meine Art, an Geld zu kommen, ich warte, bis es von alleine

Bottroper Schlachteplatte

kommt, und es kommt! Denn es ist ja neugierig, was ich für einer bin, der so ein grandioses Desinteresse an Geld und Erfolg hat und sich mit einem Häuschen begnügen würde und so mal eben 523 Mark gewinnt und das auch noch wochenlang überall rumerzählt. Das hat mich ruiniert, ich war plötzlich Lottokönig (Abb. 15)! Also bittesehr! Frank Barth hat mir allerdings im Gegenzug so einen moralisch stalinistischen Vortrag über mein TAZ-Leben gehalten, den ich bis heute nicht verstanden habe, er war plötzlich bekennender Stalinist, ich habe die Zwänge nicht gesehen, bekennender Stalinist zu sein, heute, obwohl es mir auch wieder imponiert, die Gremlizatypen und so, also warum nicht, ganz verstanden habe ich nicht, aber ich habe wenigstens so getan. Das hat ja dann auch Wirkung. Wenn man einen nicht versteht, soll man gar nicht immerzu nachfragen, sondern lieber mal Superzahl fünfe gerade sein lassen und so tun, als würde man genau verstehen, das hilft ja viel mehr, ist im Grunde einsichtiger in das Wesen aller Verständigung, und es ist auch zu blöd, immer den Sokrates herauszukehren bzw. den Platon. Man soll auch die Menschen grundsätzlich unterstützen. Immer ruhig sagen: Das finde ich richtig gut, das mach man so weiter, mein Freund! Außer natürlich Rassismus und das alles, das nicht, das geht ja nun nicht! Man darf auch nie »gaskammervoll« sagen, außer wenn man dagegen ist, daß sowas

Hydrokultur

gesagt werden darf, dann kann man so oft wie man will »gaskammervoll« sagen, also wenn man das unbedingt sagen möchte, dann muß man unbedingt dagegen sein, daß man das sagen darf und dann kann man bedenkenlos »gaskammervoll« sagen. Das ist Pornojägerlogik, also Porno gucken und jagen, soviel geiles Zeug bekommst du auf keine andere Art in Kombination. Wer heute doch mehr ein Feigling ist, aber doch die Lust zur Jagd verspürt, der muß auf Nazi-, Stasi- und diese Jagden gehen, da reicht dann der Mut der Feigen, um bedeckt zu töten. Die Sprachpfleger sind auch so Ärsche. Na, mein Gott, es gibt einige Möglichkeiten, um irgendwem im Namen der guten Sache richtig satt einen reinzuwürgen. Wenn ich jetzt nur dran denke, wie unsere blöden Fernsehfritzen den Kohl höflich um Antwort auf die richtige Frage bitten, feige und arschkriecherisch, und wie sie dann die Ostgoten anpinkeln, das ist schon eine Show. Biermann ist wie schon öfter erwähnt im Zweifel das größere Arschgesicht! Dieser weinerliche Barrikadenbarde, diese Pflaume, der mußte sich nun mit so einer Scheiße da die Schuppen und den Staub von der Schulter klopfen, damit er mal wieder ins Fernsehn kommt. Hör dir doch mal diese schrecklichen Lieder an, Richtung »Mutter Brecht hat ein Holzbein« und »Ach!« und »Weh!« auf der Darmsaite. Außerdem gibt es scheinbar eine still wirksame ›Biermann-Regel‹; alle, die

Hydrokultur an Jägermeister

Biermann heißen, sind irgendwie komisch, und das ist schade, bei so einem schönen Namen. Da gibts auch noch so eine Jägerin, die schlechte Krimis im Spaghettidampfmilieu der Potsdamerstraßen-WGs handeln läßt, ich muß ehrlich sagen, daß ich nur bis Seite sieben gekommen bin, ich hatte ihr eine echte Chance geben wollen, aber o je, ich bin einfach nicht weiter gekommen, ich hatte mal wieder ein ganz präzises Vorurteil gefällt vorher, und sie soll angeblich mal auf Nutte gemacht haben, hat das auch überall groß verkündet, die Medienonkels hams aufgelutscht wie spanischen Honig, und es kann aber gar nicht so schlimm gewesen sein, da reichen sieben Seiten, daß ich sehe, daß sie sowas nicht macht, höchstens hat sie sich mal auf TIP-Annonce von einem Sugar-daddy auf einem Wannseesegelboot für Schmuck an die Titten fassen lassen, und da kann man nichts gegen einwenden, und die hat ja, als sie sich etwas vernachlässigt vorgekommen sein muß, öffentlichkeitsmäßig, da hat die damals den Gaskammerjägerbrief abgeschickt als Leserbrief an die TAZ, und das Unheil ist über mich gekommen. Die ganze miese stinkende deutsche Nazimördergeschichte ham sie auf die zwo harmlosesten Männer gekippt, die ich überhaupt kenne: auf mich und diesen Jenninger! So bringen sie sich zyklisch alle mal wieder in Erinnerung. Fuchs und Rathenow und die, das sind doch einfach schlechte Schriftsteller, die

Die perfekten Jahre

jetzt sich schnell noch mal die sechzigtausend beim Spiegel abgreifen, solange sie mit Staatssicherheit noch Geld verdienen und bißchen Spektakel machen können. Das ist ja alles zum Kotzen! Und wir nun mit unserem Besser-machen damals. Also nach einer Stunde hatte ich den Raum und das Stipendium. Der Hausmeister von der TAZ, der heimlich mit uns sympathisiert hat und ein gutmütiger Mensch mit langen Haaren ist, hat uns mit mehr oder weniger geklauten Büromöbeln versorgt, alte TAZ-Schreibtische, wo noch die alten Apo-Runen eingeschnitzt waren und diese eklig softlinken frauenbetreffenden Rempeleien. Außerdem solche rollenden Bürostühle, wo man grade dran sitzt und sich vom Schreibtisch zum Schreibtisch und vom Kühlschrank zum Schrankklappbett abstoßen konnte, daß es eine Freude war mit der Bürotätigkeit. Auf diesen Rollern haben wir immer besoffen lustige Autoscooterfahrten durch unser ›Atelier‹ gemacht, wenn »inhaltlich« nichts mehr zu klären war. Da haben wir am Anfang gesessen, haben einen ganz harten Pellkartoffelentzug durchgemacht und wußten nicht recht, was wir da nun eigentlich wollten. Es war klar, es mußte uns aus dem Geflenne rausretten unter grundsätzlicher Einsicht ins unvermeidliche Jammertal und ins Scheitern (Abb. 149). Da kam ich auf die Verbesserungsidee. Höge kanns bezeugen. Und wir haben Leistung gebracht! Einer hat plausibel gemacht, wie wir Stalin-

Heizkörperverkleidungen ›Ost‹

grad hätten gewinnen können, wenn wir damals nur gekonnt und gewollt hätten. Und wir wiederum hätten gar nicht gewollt, und nur weil es besser gewesen wäre! In dem Stil haben wir verbessert. Ich glaube, Christiane Seiffert – »Nicht nur daß ich Schinken heiße / auch daß ich hinke, find ich scheiße!« – hat vorgeschlagen, daß man »Zigeunerschnitzel« besser »Roma- oder Sintischnitzel« nennt. Und Glasmeier hatte die Idee auf »Sieben im Sechserpack!« aufgebracht, die siebente Pulle sollte oben als Griff dienen. Und lauter sowas. Und was mich betrifft, da hatte es mir ja schon schwer gestunken mit der Kunst damals. Aber ich war auch auf der Ebene auf dem Verbesserungstrip. Ich dachte, die ganze Scheiße mit der Kunst läßt sich noch ins Verbessern wenden. Und ich hatte auch erst allen Anlaß zu denken, das geht gut. Ich hatte mich nämlich auf »Brunnen und Denkmäler« geworfen, da habe ich mir Verbesserungen ausgedacht, nachdem ich zunächst mal gedacht hatte: Das kannst du doch auch, Mensch! Wie das so geht, mit Laien. Da geht man in die Stadtbücherei Neukölln und guckt in der Abteilung ›Kunst‹ unter »Brunnen & Denkmäler« nach. Und dann gehts forsch in die Entwurfsphase. Und so hatte ich bereits anläßlich der 750-Jahr-Feier zu Berlin einen schlichten Brunnen vorschlagen können, so einen schlichten, wie es das Volk liebt und ich auch. So wie man sich einen anständigen Brunnen vorstellt, runde

Aqua botulus

schnörkellose Schale oder Becken, besser Becken, mit Wasser gefüllt, damit man die Beine drin baumeln kann und Bier kühlen. In der Mitte eine Düse für eine senkrechte, gebündelte Wasserfontäne. Soweit alles klassisch. Jetzt kommt aber meine moderne Kunst dazu. Eine Verbesserung, ein spiralistisches Höherdenken (Abb. 75). Die Wasserdüse soll nämlich bisweilen in die Horizontale kippen. Ohne daß sich vorhersehen läßt, wann und wohin; das kann man technisch mit Zufallsgenerator und noch ein paar elektrischen Geheimdiensten mühelos bewältigen. Und dann muß der Wasserstrahl reichlich über den Beckenrand spritzen, so daß das Publikum mit einbezogen wird. So, wie das bei Avantgarde eben sein muß. Da soll jeder seinen Spaß am Schicksal haben. Und nun wäre das Ding auch fast gebaut worden! Das ist es ja, was mich so lange ans Verbessern hat glauben lassen. Eines Tages steht ein riesengroßer Mann vor meiner Tür in der Augsburger. Knut Pedersen aus Kopenhagen. Ein Mensch, der aussieht, wie die zwanzig Zentimeter größere Ausgabe von Jes Petersen, der ja schon mindestens einsachtzig groß ist. Bart, Brille, Wille – Bumm! Er will den Brunnen haben, seinen Kopenhagenern etwas Erfrischung schenken. Er hat mir das bei Ambrosius in der Bergmannstraße bei Russischen Eiern und Urbieren alles genau erklärt, er war schon schwer am Huddeln um Ecken und Brunnenfundamentieren auf

Greenpeace'sche Bierverkaufsstelle

eine komische, wohl dänen ihre Art. Es klang aber alles durchaus vernünftig. Es gibt ja immer wieder so leerlaufende Betriebsnudeln in der Zunft der Veranstalter und Organisatoren, die alles mögliche anleiern, und man weiß sofort, wenn man die Sorte kennt, das wird überhaupt nichts. Nach jedem Auftritt mit Butzmann kam immer mindestens einer davon nach vorne und hat uns beim Abbauen aufgehalten, hat gequatscht, man hat schon gar nicht richtig hingehört, nur mal freundlich genickt, man will es sich mit keinem einzigen Fan verderben, und diese Blender erzählen dann was von Adressen tauschen und nächstes Jahr in Kanada große Gage, große Sache, letztlich eben immer nichts. Hier war alles anders. Der Mann war ja auch eine alte Fluxus-Säule. Er gehörte zu den alten Gestalten. Davon wußte ich anfangs nichts. Ich bin nämlich manchmal von erschreckender Blödheit, das ist der Preis für meine interdisziplinären Fähigkeiten; ich hatte ganz naiv gedacht, wenn ein Knut kommen möchte, dann soll Knut kommen; schlimmer als zwei unangenehme Kneipenstunden kanns nicht werden. Ich hatte einen dänischen Jung-Knut erwartet, jetzt stand eine alte Fluxus-Ausgabe bei mir vor der Tür. Der große alte Mann des Dänischen Fluxus, der Verfasser von ›Kampf der Bürgermusik‹. Wir haben die Russischen Eier gefressen, und ich wußte, das wird was. Vier Wochen später ruft Knud Pedersen an und sagt, ich

Baukunst: an Kette

soll mal sofort nach Kopenhagen kommen, wir gehen in die Testphase. Ich habe mich Zoo in die Bahn gesetzt, es ging in die falsche Richtung nach Osten mit durchschnittlich vierzig Stundenkilometern und viel Kontrolle und Rangieren durch die DDR irgendwie dann schließlich doch nach Dänemark. Dazwischen auch eine Schiffsfahrt mit Gamel Dansk und Fischbrötchen. Das war, als hier in Berlin zum ersten Mal richtig gut 1. Mai gefeiert wurde, in Kreuzberg. Ankunft Kopenhagen. Stand am Bahnhof wieder der riesengroße Knut Pedersen, hat mich abgeholt. Wir haben ein Stehbier gesoffen, weil ich völlig verwirrt war von der elend langen Reise auf 400 Kilometer. Man wird völlig blöd vor Ungeduld in den letzten zwei Stunden, ich bin wie ohne Kopf durch den Zug gewandelt und hatte immer das Gefühl, ich muß scheißen; es kam aber nichts. Nach dem Stehbier mußte ich nun wirklich scheißen. Ach du Scheiße, dachte ich, natürlich im Bahnhof! Es war dann aber eine positive Überraschung, das dänische Bahnhofsscheißhaus, na sach mal an, dachte ich, so ein gepflegtes Land! Und nun klappte es auch! Es war ein großzügiger Begrüßungspotlatsch; ich hatte ein Bier genommen und einen großen stinkigen Potplatsch gegeben! Dänemark und ich waren im Reinen; es konnte nur gut werden. Oben sind wir raus zum Parkplatz. Wir saßen in einem riesengroßen Wagen, vorne zu zweit und ganz eng. Der

Erstarrte Musik

riesige hintere Teil des Volvo-Kombis war mit einem Gitter abgesperrt; es sah aus wie ein Löwenkäfig. Ich dachte, o Gott, der hat Dänische Doggen! Du mußt jetzt mit Dänischen Doggen wohnen, das isn Irrer, ein Doggenhalter, womoglich auch ein Perverser; derweil war ich ja derart informiert über die Größe dieses Mannes, daß ich ihm jetzt auch noch ein paar verborgene Monstrositäten zugetraut hätte. Und es war alles sowieso schon unheimlich, daß sie irgendein Neuköllner Arschloch wegen einem ausgedachten ulkigen Brunnen überhaupt anreisen lassen, und auf lau! Ich habe vorsichtig gefragt, wozu der Käfig hinten gut sein soll. Er war nicht für Dänische Doggen, sondern fürs Dänische Finanzamt. Einen Privatwagen können sich in Dänemark nur debile Millionäre leisten, Geschäftswagen hingegen sind steuerfrei, denn auch in Dänemark müssen Räder rollen fürs Geschäft. Der Wagen galt als Geschäftsfahrzeug, es mußte aber so ein Raubtiergitter eingebaut sein, damit man nicht schummeln konnte. Das Gitter stellte sozusagen die vorläufige Frontlinie zwischen Normalmensch und Finanzamt dar. Das war die Dänenidee. In ganz Dänemark wogt ein Kampf um die Steuern, die Kriegsparteien bekämpfen sich mit ausgefuchsten Dänenideen. Sie haben diese skandinavische Mischökonomie, und die Sozialkomponente ist kostspielig, also muß Geld rein, aber der Markt muß flutschen. Das macht

Gadamer II

alle zu Betrügern und kultiviert die Finte. Die ganze dänische Autoszene ist sowieso ein einziger raffinierter Betrügerhaufen. Da tobt ein sublimer Krieg außerdem noch zwischen Bullen und Autofahrern. Es geht zu wie unter Papst Leo X. Die Autofahrer scheinen aber die Oberhand zu haben. Sie bauen elektrische Uhrwerke hinten verdeckt in ihre Parkscheiben, die man vorne ins Fenster legen muß, so daß sie immer korrekt eingestellt sind, tagelang. Und alle haben sie einen Aufkleber von der Polizeigewerkschaft vorne auf der Scheibe und hinten drin haben sie einen Raubtierkäfig mit Decken und Sitzkissen eingebaut. Es wird hochkultiviert geschummelt. Der riesengroße Mann hatte auch eine riesengroße Wohnung und eine Kunstbibliothek, bei beidem war wieder ein sublimer Steuerbescheißtrick mit eingebaut. Das war auch wieder so eine Finte, diese Bibliothek für Kunst. Der Pedersen lebt davon, daß er in sämtliche Amtsstuben Kopenhagens Bilder vermietet hat und horrende Mahngebühren eintreibt. Es gibt ein Depot mit Hunderten von Bildern, meist unbekannte Künstler, du kannst aber auch Köpkes und Jorns haben, der Trick ist, daß er die meisten Bilder selber gemalt hat, unter hundert verschiedenen Namen. So gilt er als großer Förderer der vielen Unbekannten in der Dänischen Kunst. Er hat ein schönes Buch geschrieben, ist von Gosewitz ins Deutsche übersetzt und heißt ›Kampf der Bürgermusik‹. Und

Kanne (Musse, Solle, Darfe)

einmal hat er sich sogar auf eine Stelle als Kantinenleiter beim Museum of Modern Art in Chicago beworben mit der Begründung: »I never was in America, but I know where it is.« Ich war begeistert. Na gut. Wir sind vom Bahnhof gleich in eine Kneipe, und am nächsten Morgen hatten wir Termin bei der Kopenhagener Feuerwehr, um Düsen zu testen. Es ging ernsthaft um den Brunnen. Wir haben zwei Kisten Bier besorgt und sind auf so eine Art Trainingsplatz der Feuerwehr gefahren. Da stand so ein verkohltes Hochhaus, wo sie Übungen machen. Wir haben alle schwere Wettermäntel bekommen, und dann wurden Düsen ausprobiert (Abb. 113). Mit dabei waren zwei versoffene Ingenieure einer Firma namens ›Danfoss‹ oder so ähnlich, die Firma hatte Knut Pedersen schon soweit belabert, daß sie extra diese zwei versoffenen Wasserdüsengenies einen Tag lang für uns freigestellt hatten. Also wir haben ordentlich gespritzt und Bier gesoffen, und die zwei versoffenen Wasserdüsenfachleute haben alles mögliche notiert und vermessen und dann müssen alle ziemlich angesoffen gewesen sein, plötzlich haben wir uns gegenseitig bespritzt. Es war richtig wie bei der Feuerwehr. Dabei waren die im Dienst! Wenns irgendwo gebrannt hätte, dann hätten die losfahren müssen. Ich habe einen gefragt, ob man als Feurwehrmann in Dänemark im Dienst saufen darf. Das hat mich interessiert, war ja ein völlig neues

Bin gleich wieder da!

Berufsbild für mich, aber er hat die Augen aufgerissen und »Nee, nee, nee!« gemacht. Das war jetzt ein Widerspruch. Ich hab ihn drauf hingewiesen. »Nee«, sagt er, »denkst du, wenns brennt, interessiert irgendwen, ob wir angesoffen sind?« Naja, das war einleuchtend (Abb. 108). Und nun gings schon an die Rutschen. Sie hatten dort nicht diese Stangen, wie wir sie ausm Film kennen; in Kopenhagen rutschen sie auf glatten Rutschbahnen aus den oberen Stockwerken runter zu den Feuerwehrwagen. Das scheinen sie auch ohne besonderen Anlaß ganz gerne zu tun. Wir sind da mehrere Durchgänge mit der Bierflasche in der Hand runtergerutscht und dann mit dem Fahrstuhl wieder hoch. Ohne den Fahrstuhl wäre es wahrscheinlich nicht so beliebt gewesen. Da ich nun irgendwie als der Brunnenkünstler oder als das besondere Genie galt, haben sie mit mir eine Fahrt mit dem Leiterwagen gemacht. Ich durfte den Knopf für das Blaulicht und die Sirene drücken. Es glaubt ja wieder keiner, aber so sind wir zwanzig Minuten angesoffen durch Kopenhagen gefegt. Die ganzen Penner mußten sich an die Straßenseite verpissen; es war wunderbar, wir waren die Kings, so eine Fahrt hätte ich Björn Engholm mal gewünscht. Kurz und schlecht oder doch gut: Es ist dann doch nichts geworden mit Springbrunnen in Kopenhagen. Das ist alles sehr weit gekommen, ich hatte großzügig auf alle Honorare verzichtet, es sollte

West-Schrippen

auch zu Ehren einiger Widerstandskämpfer gegen die deutschen Besatzer gebaut werden, obwohl das wohl eher ein Trick von Knut Pedersen war, daß es überhaupt finanziert wurde. Denn ich war ein deutscher Brunnenmeister, und da nehmen sie denn doch lieber einen dänischen oder sonstwelchen, aus verständlichen Gründen. Die Befürworter haben es als Gnade Gottes genommen, daß ich wenigstens einen polnischen Namen habe und daß mein Vati auch anständig Widerstand gemacht hat. Es ging fast soweit, daß sie sein Abschlußzeugnis ausm KZ sehen wollten oder wenigstens sein »Sachsenhausen – I was there!«-T-shirt. Und sowas geht zu weit. Das waren aber letztlich alles keine Schwierigkeiten, glaube ich jetzt mal. Gescheitert ist das ganze wohl an einem Advokaten. Wegen dem Schadenersatz. Und wegen der unsicheren Rechtslage. Sie haben Schiß bekommen vor möglichen Ersatzansprüchen und Klagen von Leuten, die der Brunnen naß gemacht hätte. An solchen Sachen scheitert mehr, als man denkt, an kleinen blöden juristischen Ängsten. Verbesserungen sind juristisch riskant. Aber egal, ich hab aufs Tuborg-Syndrom geschaltet (Abb. 121) und gedacht, das ist dänen ihr Bier, was sie da machen und was nicht. Schön haben wirs ja gehabt! Mein anderes Denkmal ist nie irgendwo überhaupt in Betracht gekommen. Ich habe auch keine Anträge ausgefüllt. Dieses andere Denkmal sieht so aus:

Zivildienst I

Man sieht gar nichts. Ich brauche einen Platz, eine Rasenfläche. Oder am besten so eine verlorene Verkehrsinsel, wo die Autos rumfahren. Dann bräuchte ich reichlich Geld. Eine Million müßte schon sein. Wäre gar nicht für mich, sondern fürs Denkmal. Is ja auch gar kein unüblicher Preis für ein Denkmal. Die Denkmalpreise sind in den letzten Jahren überhaupt ins Aschgraue gestiegen! Da muß vielleicht ne Preisbindung her. Egal, das Geld ist in diesem Falle kein simpler Speckwürfel für den Herrn Künstler, es geht um was anderes. Das Geld kommt in eine ordentliche wasserdichte Kiste und wird auf der Verkehrsinsel in 50 Meter Tiefe heimlich vergraben und oben wird alles wieder schön fest gerüttelt, glatt gemacht und wieder Rasen drauf und vielleicht sogar ein bißchen benwarginscher Kräuterquatsch noch ausgesät. Noch tückischer wäre, wenn man von einem schlechten Konkurrenzkünstler ein blödes Denkmal noch draufstellt. Dann kommt jedenfalls der Einweihungsakt. Er besteht aus einer dpa-Meldung, daß dort auf diesem Platz an unbekannter Stelle in unbekannter Tiefe eine Million verbuddelt ist. Wers findet, darfs behalten! Das ist alles. Der Rest ist reine Rezeptionsgeschichte. Man wird die Volksmassen von ihrer arbeitsamen und ehrgeizigen Seite her erleben, die Medien, die Moralisten, die Verkehrspolizei. Man wird die Kraft des Geldes die Kräfte der Kunst potenzieren sehen.

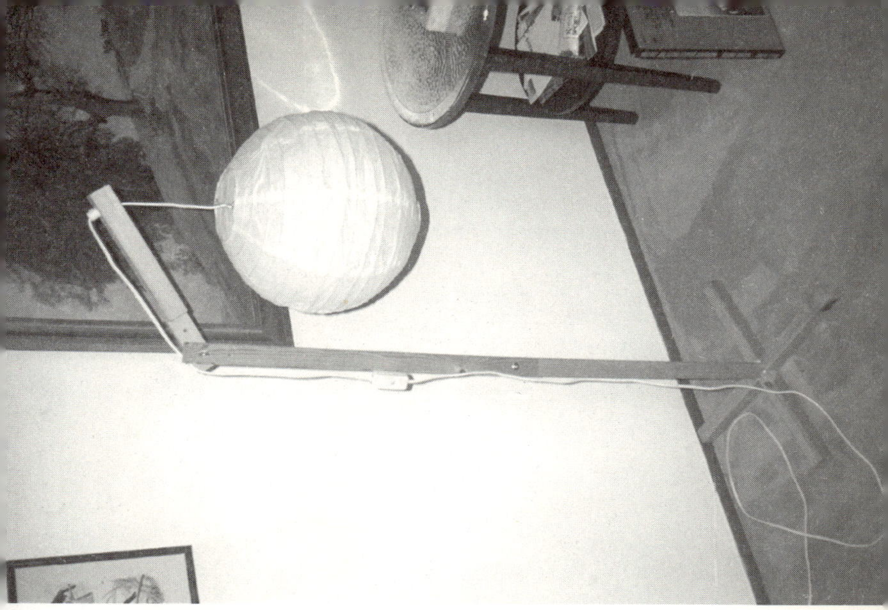

Zivildienst II

Und man kann auch tagelang einfach zugucken. Je größer der Platz, um so länger und besser. Das wird ja sogar ein letztes großes Schauspiel sein, die Wiedergeburt der Tragödie im Geiste der Denkmalerei. Man könnte an der Seite noch Mauerbröckel verkaufen. Knut Pedersen hat übrigens noch ne schöne These gehabt, und zwar: Früher gings allen automatisch besser, weil alles, was sie an Möbeln besessen haben, echte Antiquitäten waren. Ansonsten braucht man keine Brunnen und Denkmäler; es gibt genug naturwüchsige (Abb. 73 oder 116 z.B.). Und warum man mit zwei Händen Klavier spielt: Da gehts schneller! Das Denkmal wollte auch keiner. Ich habe weiter reduziert, ich hab schon gar nichts mehr gemacht, höchstens Panzerwannen zu Blumenschalen, aber nur im Geiste, wo hätte ich den ganzen Quatsch auch lagern sollen (Abb. 155). Zu dieser Zeit ist »Keiner versteht mich« entstanden. Ich habe ja zum Schluß gar keine Kunst mehr gemacht. Ich habe mir schöne Titel ausgedacht, und wenn was war, eine Ausstellung, dann habe ich die Trödler abgegrast und was Passendes gesucht. Wenns sein mußte, auch irgendwas gemalt, mit Plaka auf Pappe. Je mehr Pfusch man reinlegte aus Faulheit, um so mehr mochten es die Leute, die Kunstkenner. Irgendwann hatten Glasmeier und Petersen zum Gedenken eine Karl Valentin-Ausstellung ausbaldowert. Es sollten eben allerlei Witzbolde eine Gruppenausstellung

Kaplan klebte Papplakate…

bei Petersen zu Ehren Karl Valentins machen. Zu dieser Zeit hatte ich ja schon keine Lust mehr. Dieses ganze Getue. Dieser ekelhafte Antrieb von dem ganzen, eben Ehrgeiz, Erfolgsucht. Alle wollten hoch und in die Parisbar, gut aussehende Weiber bocken und der übliche Scheiß unter der Überschrift »erfolgreich«. Na ja, ich liebe auch das unbeschwerte und behagliche Leben, aber ich fragte mich langsam, ob man sich da nicht besser auf andere Bereiche spezialisiert. Für Tennis war ich zu alt. Betrug und Kriminalität, das wäre noch was gewesen, dazu braucht man aber mehr Risikobereitschaft. Jedenfalls saß ich immer da, meist in der Kneipe und dachte: Was soll der Scheiß (Abb. 115)? Jetzt war Karl Valentin. Wir haben bei Petersen im Kabuff in der Goethestraße gehockt und haben gesoffen, und sie haben mich zur Teilnahme bewegen können. Es war inzwischen so egal, daß es egal war, ob ich was mache oder ob ich nichts mache. Ich habe also in meine Titel- und Ideenkladde geguckt, ob was Komisches auf Lager ist. Außer »The Piepel of San Francisco« war nichts da. Ich hatte Hemdenfotos, ich hatte ein Piepelfoto, habe das Piepelfoto genommen, fein säuberlich den Schniepel ausgeschnitten, war schon irgendwie komisch, die Handlung, und habe den Piepel mit Uhu auf das Oberhemd geklebt, haha, so daß der Piepel scheinbar zwischen zwei Hemdknöpfen hervorguckte, um zu sehen, was los is

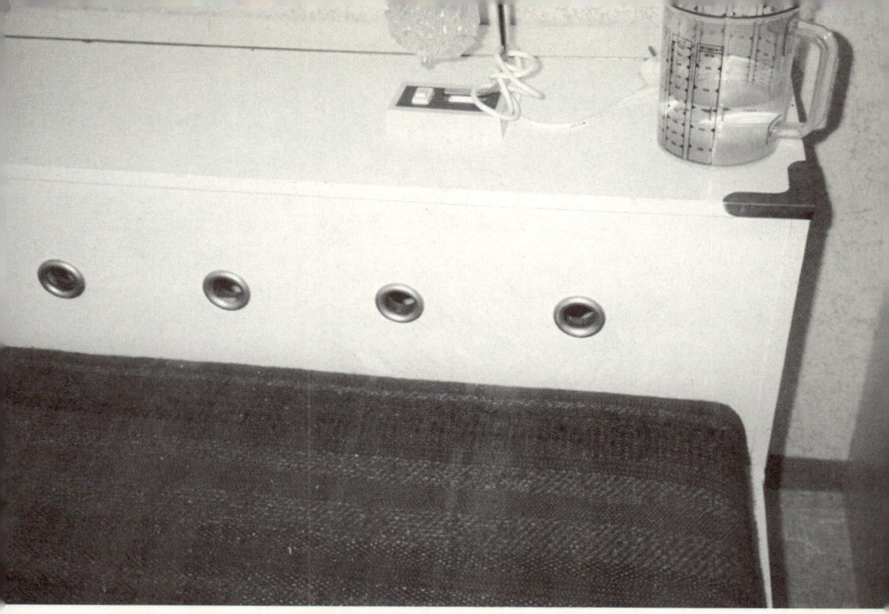

... auf Potsdamer Postkutschkasten

in San Francisco. Das war einleuchtend, das war immerhin Fotomontage und Collage und das war: Haha. Sag was dagegen! Ich habe dann diese kleine Fotopiepelfummelei nochmal fotografiert und vergrößern lassen und fertig war »The Piepel of San Francisco«. Richtig entwickelte und mehrfach gebrochene und bedachte Arbeit! Weiter hatte ich nichts, nee, doch, da war noch »Wissen ist Macht – nicht wissen macht auch nichts«, aber das war scheiße. Und die »Hochstaffelei«; die war Spitze! Da hat mir mal meine Schwester eine gebrauchte Staffelei geschenkt, weil sie gehört hatte, daß ich unter die Künstler gegangen war. Habe ich nie brauchen können, so wurde sie aber doch noch verarbeitet. War auch zu groß für meine Wohnverhältnisse, jetzt steht das Ding irgendwo bei Petersen rum, aber als Tiefstapel. Na, war also doch was zusammengekommen. Es fehlte aber noch irgendwie was. Ich bin durch die Trödler getigert. Hatte paar Titel im Kopf, aber es hat sich nichts gefügt. Ich war auch nie für das dumpfe Cage-Ding mit dem Zufall. Einfach zufällig Titel und Ding koppeln. Das wird entweder zu doof oder zu schön oder beides. Diese Zufallssachen sind meist seltsam dekorativ und so pseudovergrübelt. Und diese Sachen werden nur höchst zufällig wirklich gut oder die Meister schummeln. Ich war mehr für Schummeln. Also bin ich zwei Tage vor Ausstellungsbeginn durch die Neuköllner Trödler gehetzt. In

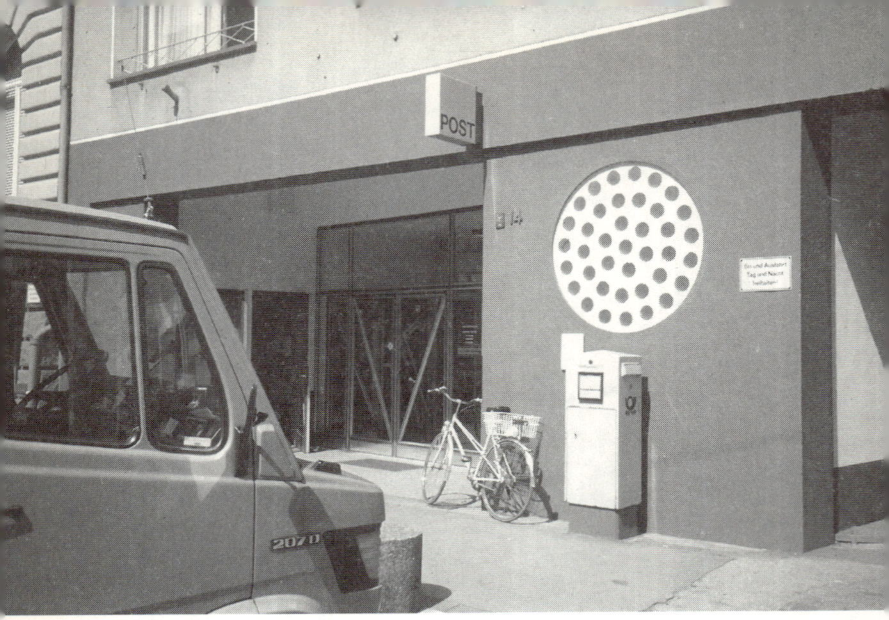

Fischladen mit Sieb

der Hobrechtstraße gibts einen Libanesen, da steht plötzlich so ein merkwürdiges Ding in der Ecke. Ein dreistufiges Holzding. Helles Furnierholzimitat auf Preßspan, was Helles, Limba oder Sen-Esche vielleicht. Dickes Preßspan, also tonnenschwer und alles gut verarbeitet mit offenen, ehrlichen Kreuzschrauben, die schwere gute Heimwerkerarbeit. Mein alter Herr war ja Bauschlosser, und der hatte mal aus geklautem Material in der Firma während der Arbeitszeit einen Kerzenständer geschmiedet, mit Ständer 1,50 hoch vielleicht, den mußten sie zu zweit in unsere Wohnung schaffen, so schwer war der geworden, weil ers gut mit uns gemeint hatte. Diese Richtung hatte auch der Schöpfer des Dingsbums eingeschlagen. Ich sage zum Libanesen: »Was und wozu is das denn für n Ding?« Er kommt, überlegt eine ganze Weile und sagt: »No, 20 Mark.« (Abb. 111) Ich hab sofort angezahlt. Wir mußten es mit dem Lastwagen zu Petersen schaffen; es war derselbe Wagen, der Karl Valentins »Deutsch Bank« gefahren hatte! Und da stand es dann, und es sah gut aus, das Ding. Es hatte Aura, es war schön blöd, es hatte Fehler, es hatte Mumm; es war ein Mensch für sich! Aber keiner hat sich so recht vorstellen können, zu was das Ding mal von Nutzen gewesen sein könnte. Die Bedeutung. Also wars ja von vornherein mal ausgesprochen kunsttauglich. Und da es ein Mensch für sich war, ein unverstandener auch noch, da habe

Urlaubsstarre mit O

ich Klebebuchstaben gekauft, daß KEINER VERSTEHT MICH draus wird. Da ich nun dachte, das kauft auch garantiert keiner, habe ich die Buchstaben so direkt auf das Ding rauf geklebt, daß es bei KEINER V – hinter dem V um die Ecke geklebt wurde, danach gings weiter mit – ERSTEHT MICH, also hochraffiniert und hochdoppeldeutig: Nicht nur keiner versteht, sondern auch noch keiner ersteht das Ding. Also ich war richtig zufrieden. Ich hatte mit wenig Arbeit und guten Gedanken ein hochgesättigtes Dingsbums NON EST DISPUTANDUM hergestellt. So, nun konnten sie kommen, die Leiter der Dokumentas, die internationalen Museumsführer und die exzellenten Journalisten vom Kunstforum. Sie sind nicht gekommen. Es war aber doch alles recht lustig. Aufbau mit all den Irren, vorn im Kabuff saß Petersen und lenkte uns mit Erfrischungen von der Aufbauarbeit ab. Wir haben dann besoffen »Freie deutsche Jugend – bau auf!« gesungen, eine richtig mustergültige Chäromanie ist aufgekommen, und ganz zum Schluß, fünf vor zwölf, ist auch Timm Ulrichs herbeigeeilt und hat seine Tarnstoffähnchen aufgehängt. Der ganze Krempel ist anschließend nach Zürich verfrachtet worden. Dort ist das alles nochmal gezeigt worden. Eines Tages ruft Petersen an und verkündet: »Kapielski, die Fränkli rollen, du hast was verkauft!« Ja, is denn sowas möglich, was denn? »Keiner versteht mich.« Na, mich auch nicht

Dicke nickende Fichten

und ich auch nicht. Ich glaube, das Ding hatte – und zwar als Kunstwerk – zweitausend gekostet, Franken. Ist die Provision noch ab von. Tage später lauf ich da in Neukölln so durch die Gegend, komme beim Libanesen vorbei. Ich rein. »Kannst du dich an das komische Ding zu zwanzig Mark erinnern, das du mir verkauft hast?« Er konnte sich vage erinnern. Ich habe ihm die Geschichte erzählt, Ausstellung, »Keiner versteht mich«, Schweiz und als Knüller zweitausend – halt dich fest! – nix D-Mark – Schweizer Franken! Fränkli! Er war beeindruckt. Er hat nachdenklich in seinen Laden geguckt, in die Sesselgebirge, auf den ganzen Plunder. »Kannst du alles Kunstwerk machen! Machen wir ›fifti-fifti!‹« War sein Vorschlag. Diese Geschichte hat ihm wirklich gefallen, und er hat sich wohl schon ausgemalt, wie wir beide als Firma »fifti-fifti« die Nationalgalerie beliefern. Für die Documenta würde man sich eine Möbelspedition leisten. Da waren wir wieder auf einer guten Ding-Ebene gelandet. Meine Faulheit und mein Kunstverdruß hatten ja eher dafür gesorgt, daß ich den ganzen Scheiß weggehauen habe. Mein großer Traum war ja, daß, wenn ich überhaupt noch Kunst mache, dann ein letztes irgendwie gefundenes, mißachtetes Ding, irgendein Scheißding ein Dingsbums, es ist ziemlich egal, was es ist, das wird mit Sockel und dem ganzen Quatsch, der dafür sorgt, daß es als Kunstwerk angesehen wird, in ein

Fichtendickicht

Museum gestellt. Und dann kommt nur noch die Halbjahresnummer. Meine Aufgabe ist, alle halbe Jahre ein Couvert zu überreichen – an den Herrn Museumsdirektor persönlich –, und da steht der neue Halbjahrestitel vom Scheißding drin. Er gibt mir dafür den Scheck, eine Summe, wovon man ein halbes Jahr gut leben kann. Ich hab dann Zeit zu überlegen, wie das Ding beim nächsten mal heißen soll. Für das Museum nur Vorteile! Sie brauchen nichts umzubauen, nichts zu lagern, haben aber jedes halbe Jahr oder von mir aus vierteljährlich, das wär machbar, haben sie frische Ware. Das können sie wie Nouveau Beaujolais-Werbung bringen: Le nouveau Kapielski est arriveé! Das wäre auf die Dauer nicht teurer als ein einziger Ölschinken, den nach fünf Jahren keiner mehr sehen will und der dann aufwendig im Keller gelagert werden muß. Da verzweifeln die Museen ja dran. Die Bilder werden immer größer, die Mode wechselt heftig. Unter der Nationalgalerie graben sie verweifelt Lagerräume aus und bereuen schon, daß sie oben so einen massiven Eisenklotz von Serra hingelegt haben und nicht kellern können, wie sie wollen, weil die ganze Nationalgalerie sonst zusammenkracht. Dieses künstlerische Rumgemache und Gefummel an den Dingen hätte ein gutes Ende. Es ist überflüssig. Die Künstler haben die Dinge immer nur verändert – es kömmt darauf an, sie alle halbe Jahre neu zu interpretieren!

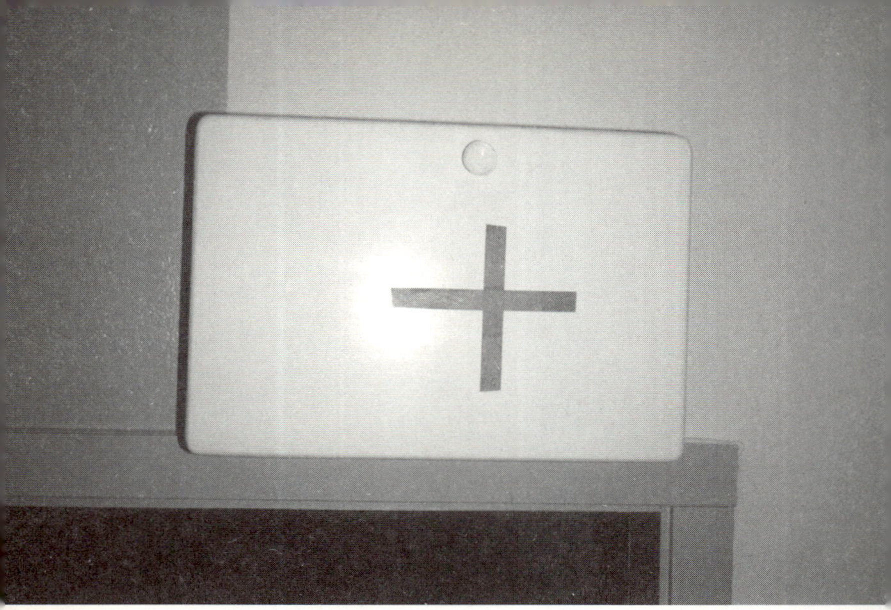

Bahnwärterhäuschen

Mit Heinz Werner Lawo hab ich sowas schon angefangen. Er sagte eines Tages: »Gib mir die Gänsehaut!« Da hatte ich so eine kleine Gänsehaut gebastelt, kleines Ding zum An-die-Wand-noch-Hängen, hatte ich bissl rosa Gips angerührt und von meinem Küchenbesen ein paar Borsten abgeschnitten und so richtig wie Gänsehaut in den Gips reingepiekt; sah gut aus. Nun stand da noch so ein gefundenes Ding rum, sah aus wie ein Mikrophon-Tischständer, aber ohne Mikro, nur zwei so Metallaschen oben. Ich habe überlegt, was ich da ranmontieren könnte. Die Fügung sah zwei Q-tips vor, zwei so Ohrreinigerstäbchen. Paßten auch. Ich hab noch überlegt, ob ich geschmalzte nehme, fand ich schon schön blöd, aber etwas zu. Ich habs »Anführungsstrichelchen-oben-Objekt« getauft. Es sollte sich autoimmun halten, zeichensystematisch, es hat sich selbst in Anführungsstriche gesetzt und hinten offen. Damit ging es los. Wurde so auch ausgestellt. Bei der nächsten Ausstellerei dachte ich, das Ding nehme ich wieder, aber ich dachte auch, du kannst doch nicht ständig dasselbe hinstellen. Da wurde es umgetauft; es hieß auf einmal »Luftbrücke«. Der Titel war schlechter als der erste, aber auch nicht schlecht. Nun gibts für das Ding einen Pflichtsockel. Ich habe überlegt, daß ich beide Titel ranklebe. Von der einen Seite war es nun »Luftbrücke, Objekt, Berlin 19soundso«, und wenn man rumgegangen ist, war es plötzlich

Dolamus-Melodie

die Anführungsstrichelchen-oben-Geschichte. Und so ein Sockel hat vier Seiten, vier Ansichten. Und überhaupt, ich brauche nicht mehr zu basteln! Nur noch zu taufen. Ich brauche nur noch in die Kneipe und zu überlegen. »Ich geh was taufen.« Hab ich zu Katrin gesagt. Ich brauchte nur noch ein bequem zu lagerndes Plundersortiment von etwa fünf Sachen und taufen. Dazu braucht man Bleistift und ein Titelheft. Das ist alles. Atelier und der ganze Quatsch entfällt. Dann ist auch ›taufen‹ entfallen, ich hab rein garnüscht mehr gemacht. Ich hab gedacht, ihr könnt mir mal am Arsch lecken, ich sitz bei meiner Kabinenkönigin parterre, reicht mir. Und wenn sie nicht gestorben sind, dann sterben sie noch heute. Man braucht ja nur dieses Bergsteigen sein zu lassen, dann kommen die Gondeln selber längs! Fünf Jahre her hatte ich eine Freundin mit Hotel. ›Nürnberger Eck‹. Manchmal sind wir dienstlich zu ›Westglas‹ gefahren, ich mußte tragen helfen. ›Westglas‹ ist ein Gaststättenbedarf. Ich bin dann dort bepackt mit dreitausend Papptellern und Marmeladennäpfen und Dekorationswimpeln hinter Angelika Böhm hergezottelt und fand alles ganz prima. Heiße-Wurst-Fahnen all umher und alles wunderbar, wir Künstler haben ja den ästhetischen Blick mit Freude an formschönen Gegenständen in fremder Umgebung. Was wir alle so schön finden, alte Schreibwarenläden, orginal Bauernleberwurst, Heizkör-

Luftbestattung

perverkleidungen (Abb. 161) oder schöne Löcher (Abb. 173 f.). An der Wand über der Kasse haben Dutzende von diesen kleinen komisch gepolsterten Schildern gehangen. Meist Kategorie ›Imperativ‹; oberste Reihe, ganz auffällig, weil zart und lyrisch und sehr philosophisch, der Knüller (Abb. 58). Links gings los: »Montag Ruhetag«! Dann »Dienstag«. Behutsam, geradezu demütig, aber entschlossen folgte »Mittwoch«! Und es folgten mit somnabuler Gefaßtheit Donnerstag durchweg bis Sonntag »Ruhetag«! Watt willsde noch? »Freitag« stark vergilbt. »Wieso ist ›Freitag‹ stark vergilbt?« – »Weil ›Freitag‹ ist *immer* stark vergilbt!« »Freitag« natürlich Ladenhüter, Freitag ham alle offen, braucht keiner. Gibts aber! Da war jemand auf angenehme Weise gründlich gewesen und hatte was sehr Vollendetes geschaffen. Was Bescheidenes. Und hat nich gleich groß seinen »Otto« druntergeschrieben. Bloß jetzt kam ich! Der unablässige *cherché*-Bereitschaftsdienst des Künstlers nach *objets trouvés*. Das Sein verstimmt das Bewußtsein! Kommt immer wieder vor. Na ja. Ich fand das zwar schon eklig damals, aber hab sofort gedacht, die kaufst du! Quatsch, dachte ich, ich hatte auch die dreitausend Dekorationsfähnlein aufm Buckel, knipsen genügt, schließlich gibts das ja schon, da reicht knipsen. Ich hab sie auch sofort geknipst. Beim nächsten Mal hab ich die Dinger dann aber doch gekauft, und dann ist folgendes passiert.

Das Papier dieses Buches, einschließlich Überzug
und Vorsatz, besteht zu 100 Prozent aus Altpapier.
Das Kapitalband wurde aus ungefärbter und
ungebleichter Baumwolle gefertigt.